JN409868

# 국지성
# 소나기

국립중앙도서관 출판시도서목록(CIP)

국지성 소나기 : 양숙이 수필집 / 글쓴이: 양숙이. -- 서울 : 북랜드, 2019
p.224 ; 145×205cm
ISBN 978-89-7787-886-0 03810 : ₩10000

수필집

818-KD06
895.785-DDC23 CIP2019032912

**양숙이** 수필집

# 국지성 소나기

**인쇄**| 2019년 9월 05일
**발행**| 2019년 9월 10일

**글쓴이**| 양숙이
**펴낸이**| 장호병
**펴낸곳**| 북랜드
06252 서울 강남구 역삼동 832-7 황화빌딩 1108
대표전화 (02) 732-4574 | (053) 252-9114
팩시밀리 (02) 734-4574 | (053) 252-9334

**등록일**| 2000년 11월 13일
**등록번호**| 제2014-000015호
**홈페이지**| www.bookland.co.kr
**이-메일**| bookland@hanmail.net

**책임편집**| 김인옥
**교　열**| 배성숙 전은경



ISBN 89-7787-886-0 03810
ISBN 89-7787-887-7 05810(E-book)
값 10,000 원

# 국지성 소나기

양숙이 수필집

북랜드

# 책머리에

눈물이 부쩍 많아졌다. 눈물 댐의 수문이 헐거워졌나 보다. 준비 없이 이별을 맞은 이들을 보며 싱거운 눈물을 많이 흘렸다. 몇 달 사이에 몇 분이나 저세상으로 떠난 지인들을 보며 뭔가 틈틈이 정리를 해야겠다는 생각이 들었다.

문학에 발을 들여 놓았지만 탁월한 글재주도 없거니와 치열한 작가정신도 없었다. 마음에서 글을 떼어버리려 하니 눈곱만큼의 미련은 남았다. 용케도 갖가지 사정이 생겨 핑계거리를 만들어 주곤 했었다. 그래서 한참을 멀리 밀쳐놓았었다.

사장死藏될 글에 구원의 손길이 닿았다.

친구와 겨울바다를 보고 오던 날, 내 가방에 돈뭉치를 끼워놓아 나를 놀라게 했던, 늦깎이 주경야독으로 꿈을 이룬 친구. 어릴 적, 시골 학교 글짓기대회에서 상 몇 번 받은 것을 베스트셀러 작가나 되는 듯 과대평가로 용기를 주는 친구. 내 개인집을 읽게 해달라는 고향친구 윤희의 바람이다.

먼지 뒤집어쓴 글들을 훑어보니 막막했다. 문학상을 휩쓴 문우의 비결이 큰 소리로 읽고 300번 이상 퇴고를 한다 했다. 서너 번 끄적대다 덮어 놓아 가공되지 않은 투박하고 어설픈 글을 내보이려니 참 많이 망설여졌다. 그렇지만 시간이 더 간다 해서 기찬 작품을 쓸 자신도 없고 여기까지가 지금 나의 한계인 듯하다. 누구나 쉽게 휘리릭 읽을 수 있는 글, 음악으로 표현한다면 뽕짝가요랄까. 그런 류가 취향이지만 그것마저도 그리 쉬운 것은 아니었다. 소소한 일상을 이야기한 평범한 글들이고 어쩌면 치부를 드러내는 것 같아 부끄럽기도 하다.

천지 자랑거리가 없는 내게 좋은 친구가 있음을 자랑할 수 있게 통 큰 마음을 준 윤희에게 고마움을 전하며, 주는 기쁨이 큰 것을 알기에 이제 이 책으로 너에게 진 빚을 퉁치려 한다.

늘 함께해준 문우님들, 친구들, 도움 주신 모든 귀한 분들께 머리 숙여 감사드립니다.

하느님과 연로하신 엄마, 언니, 형부, 동생, 친구 같은 딸, 가족들 진심으로 고맙고 사랑합니다.

2019년 팔월에

양 숙 이

# 차례

## 2 국지성 소나기

## 3 댄서의 순정

# 4 마늘

# 1부 구멍 난 양말

# 서운네

그날 서운네는 오일장에서 자리다툼을 하느라 본전치기도 못 했다. 천근만근 지친 몸을 끌다시피 집에 오니 아들이 또 울고 있었다. 이번에는 한 살 적은 찬수에게 맞았단다. 그 아들이 어떤 아들인가. 스물여섯에 청상이 된 서운네가 밥뚜껑에 담을 양식도 없는 애옥살이에도, 팔자 고치러 못 가게 발목 잡은 삼대독자 아니던가. 서운네에게는 오무짜 같은 딸이 둘이나 더 있지만 오직 아들 영식이뿐이었다.

매번 속이 팥죽 끓듯 부글대지만, 돈 없고 힘없는 데다가 역성 들어줄 일가친척마저 없었다. 더구나 장사를 하다 보니 드러내놓고 말할 처지도 못 되어 벙어리 냉가슴만 앓았다. 평소 '아비 없는 호로자식 소리 안 듣게 남에게 해코지하지 말고 바르게 살라.'고 했던 말이 후회도 되었다. 저런 얼간이 같은 아들을 믿고 살자니 앞날이 아득했다. 생각할수록 복장이 터지고 속에 천불이 났다. 섣달 그믐날 단대목 장을 못 보는 한이 있어도 더는 참을 수가 없었다.

"이 연만이 같은 자슥아! 대가리를 깨서 물어줄망정 제발 찔찔 짜면서 오지 마라."

악에 받친 소리가 담장을 넘어갔다. 아마도 고향 서운 쪽에 '연만이'라는 어수룩한 아이가 있었는가 보다. 호리 낭창한 몸매에 버들잎 같던 서운네의 성격이 점점 드세졌다.

당장 내일 아침 땟거리 걱정을 할지라도 시골에서는 엄두도 못 낼 태권도장에 아들을 등록시켰다. 어머니 말씀이 법인 줄 아는 아들은 읍내에 있는 태권도장에 시오리 길을 비가 오나 눈이 오나 주구장창 걸어 다니며 품새를 올렸다. 연습을 한답시고, 윗목에 쌓아둔 고구마 가마니는 샌드백이고 눈에 보이는 대로 차고 때리며 피나는 훈련을 했다. 어느 날은 분통같은 방에서 휙 돌면서 고구마 가마니를 찬다는 것이 시렁에 매달아 놓은 메주를 냅다 찼다. 그 바람에 채 마르지 않은 메줏덩어리가 벽에 척 달라붙고 사방으로 후드득 튀었는데도 서운네는 꾸짖지 않았다.

이듬해 추석 전날이었다. 서운네가 대목장을 일찌감치 파장하고 집에 왔다. 삼대 구 년 만에 전煎도 몇 가지 부치고 송편도 한 되 만들 요량이었다. 그렇다고 명절 쇠러 올 사람이 있는 것도 아니다. 아들 영식이가 중학생이 되고 보니 찬물만 떠놓고 기도하던 남편 제사가 영 마음에 걸려서이다. 적막만 흐르던 서운네 집 삽짝 밖이 갑자기 소란스러웠다.

"서운네! 서운네!"

동네 소식통인 뒷집 쌍둥이 할머니가 고무신을 질질 끌며 숨이 턱에 차도록 뛰어왔다.

영식이와 희철이가 싸움이 붙었단다. 덩치 큰 희철이가 솥뚜껑만 한 주먹을 내밀자 영식이가 살짝 피했다. 그리고는 오히려 나비처럼 붕 날아서 오른발로 어깨를 찍어 내리자 폭삭 고꾸라지는 희철이 옆구리를 왼발로 한 번 더 걷어찼다. 그러자 그 큰 덩치가 논 구덩이에 나가떨어져 개구리처럼 쫙 뻗었다고 한다. 그 서슬에 옆에 있던 아이들 누구 하나 말리지도 못하고 구경만 하더란다.

언젠가 홧김에 "대가리를 깨라."고 일렀는데 허리를 걷어찼던 모양이다. 하필이면 그 아이가 동네 제일 부자인 방앗간 집 아들이었다. 내리 딸만 여섯 낳고 늘그막에 본 아들이라 금이야 옥이야 하는 꼭지 막냇동생이었다. 연락을 받았는지 방앗간 집 영감이 득달같이 달려왔다. 영식이는 이미 도망을 간 뒤였다. 예전에는 희철이가 싸움할 때는 늘 희철이 편만 들던 아이들이 웬일인지 이번에는 영식이 편을 들었다. 희철이가 먼저 싸움을 걸었다는 말에 영감은 연방 혀를 끌끌 차며 돌아갔다.

추석 날, 한나절이 넘어서야 영식이가 슬그머니 집에 들어왔다. 겁이 나서 어디 으슥한 곳에 숨어 있다가 큰 탈이 없다는 얘기를 들었나 보다. 살가운 정 한 번 베풀지 않던 서운네가 고슬고슬한 햅쌀밥 위에 조기 살을 발라서 얹어

주었다. 차례茶禮상에 절 한 번 못 한 것이 뭐 그리 대수인가? 금메달이라도 딴 것처럼 속으로는 대한민국 만세를 몇 번이나 불렀는지 모른다. 왠지 듬직해 보이는 아들을 보니 그간의 서럽던 체증이 한꺼번에 내려간 듯했다. 서운네가 영식이에게 조용히 당부했다.

"다시는 사람 패지 말거래이."

그 일이 있었는지 사십여 년이 훨씬 지났다.

"고추 마이 따놓고 참기름도 짜놨으니 이번 추석에 꼭 오거래이. 영식이더러 너거 누부 마중 나가라 캤다."

깻묵 같은 엄마의 전화에 매운 고추를 먹은 듯 속이 아리다.

# 은행나무

맥없이 무너진다. 서슬 퍼런 전기톱이 굉음을 내지를 때마다 허연 살점들이 눈물 쏟듯 떨어진다. 백년해로한 노부부처럼 유치원 마당을 지키던 은행나무가 사라지는 순간이다. 온 하늘을 떠받치고도 의연하더니 이젠 추수 끝난 빈 들에 누운 짚동처럼 나동그라졌다. 사지를 버둥거리며 살려 달라고 애원하지만, 그 소리마저 무지막지한 기계 소리가 삼켜버린다.

새파랗게 질린 잔가지가 어지럽게 널려있다. 지나가던

사람들이 저리 무성한 나무를 왜 베느냐고 묻지만 누구도 대답이 없다. 유치원 창문으로 내다보는 아이들의 얼굴을 차마 볼 수 없어 나는 가게 문을 닫고 애써 모른 체한다.

갓 돌이 지난 아이를 업고 낯선 마을에 첫발을 들이는 우리 가족을 맨 먼저 반가이 맞아 주었던 이가 은행나무 부부였다. 짙은 그늘에서 땀을 식히며 우리는 이곳에 뿌리를 내리기 시작했다. 나무 그늘의 끝자락에 작은 사진관을 차린 것이다. 나무는 내 아이의 서툰 걸음을 할머니 할아버지의 눈빛으로 내려다보았고, 젊은 나이에 가게를 운영하는 나를 엄마처럼 지켜보았다. 손님을 대하는 일에 경험이 없어 지쳐 울먹일 때면 처음엔 다 그런 거라며 힘을 주었다. 얼토당토않은 언쟁이 있을 때면 괜히 나무에 화를 내곤 했다. 여름이면 은행나무의 부채 바람에 잠을 재웠고, 가을이면 화르르 떨어진 수북한 은행잎을 이불 삼아 깔깔대며 구르는 아이를 바라보았다. 그 나무 아래는 우리 집 마당이나 마찬가지였다.

나무 곁에 유치원이 생기자 나무는 더욱 활기차 보였다.

주변에서 이처럼 큰 나무는 흔치 않았다. 아이들의 웃음소리가 떠나지 않는 그곳은 쉴 곳이 마땅찮은 동네의 유일한 휴식처였다. 곧고 튼튼하게 자라야 할 아이들의 표본이 되었고 술래잡기 놀이에 버팀목이 되기도 했다. 마음이 고달픈 사람은 시름을 내려놓고, 젊은이들은 사랑의 꽃을 피우며 미래를 꿈꾸던 곳이기도 했다. 참새도 쉬어가고 비둘기도 놀다 갔다. 까치는 수없이 둥지를 틀었다. 삼십여 년이 되도록 많은 사람이 지나갔지만, 친정엄마처럼 지금까지 내 곁에 남아 있던 나무다.

그 나무가 잘리게 된 것은 그늘이 넓은 탓이다. 가지가 우거져 옆집 담을 넘었다. 옆 상가는 낡아서 지붕에서 빗물이 줄줄 샜다. 세 들어 사는 사람들이 지붕을 고쳐 달라고 했지만, 주인은 머지않아 허물고 새로 지을 것이라며 지붕에 비닐을 덮어놓았다. 그러고는 유치원에 가서 나무를 베어달라고 요구했다. 유치원에서는 큰 나무를 베기가 아까워 담장을 넘어가는 가지만 몇 번이나 베어냈다. 한쪽 가지만 쳐내니 몰골이 꼭 해풍 맞은 솔 같았다. 그럼에도 잎이 떨어져 자기네 건물에 자꾸 쌓여 물이 잘 빠지지 않는다며 구청에 진정서를 여러 차례 냈다고 하더니 이렇게 되고 말았나 보다.

환청일까. “재재재재” 새들이 지저귀고 아이들 뛰어노는 소리가 들리는 듯하다. 어느새 잔가지까지 정리되었는지 그 많던 사람들이 보이지 않는다. 뙤약볕 아래 솔개그늘 한 점마저 없는 놀이터는 조용하다 못해 휑하니 적막만 돈다. 나무가 서 있던 자리에는 동그마니 백지장 같은 등걸에 나이테만 뚜렷하고, 설자란 은행 꼬투리가 낙태당한 태아처럼 떨어져 있다.

나무가 없어진 놀이터에는 담벼락에 그려놓은 동물 캐릭터만 덩그러니 남아있다. 그네를 타는 다람쥐를 토끼가 밀어주고 있다. 아기 곰 두 마리는 어깨동무한 채 노래하고, 아기 코끼리는 그 모습을 보며 웃고 있다. 눈이 쭉 찢어진 여우 한 마리가 토끼에게 팔을 뻗고 있다. 여우의 간교한 웃음에 시선이 머문다. 어린이와 나무는 우리의 미래다. 이제 아이들은 어디에서 자연의 향기를 느끼고 풍경을 그릴 수 있을까. 사람에 의해 베어진 나무는 어느 누군가의 보금

자리를 훈기 있게 해 주지 않을까.

수업이 끝났는지 아이들이 밖으로 우르르 나온다. 살아온 세월을 말하는 나이테가 말없이 아이들을 맞이한다. 나무의 흔적을 찾던 아이들의 엉덩이가 옹기종기 그곳에 앉는다. 아이들은 갑자기 사라진 나무를 어떻게 생각하고 선생님은 뭐라고 설명을 할까. 출근할 때마다 나를 반기던 까치는 또 어디로 갈까?

봄이 기다려진다. 병아리 같은 아이들이 재잘대는 소리에 땅속 깊이 잠자고 있던 뿌리에서 새싹이 기지개 켜며 연둣빛 주둥이를 내밀지 않을까.

여름 햇살이 참 오지게도 뜨겁다.

# 구멍 난 양말

설 명절이라 집에 온 딸이 주름개선 화장품과 수면양말을 사 왔다. 깃털처럼 가볍고 양털처럼 포근한 양말은 손발이 찬 내게 맞춤이었다. 더군다나 갱년기 증상 탓인지 밤잠을 설치는 날이 다반사인 내가 수면양말을 신고부터는 수백 마리 양을 세지 않아도 무지개 꿈꾸며 꿀잠에 빠지곤 했다.

딸이 오면 반갑고 가면 더 반갑다던가. 방바닥에 기다란 머리카락이 거미줄처럼 엉켜있고 옷가지도 이리저리 늘어 놓아 정리정돈이 철저한 나로서는 여간 신경 거슬리는 것이 아니었다. 명절이 끝나고 딸이 서울로 가려고 현관문을 나서기가 무섭게 딸의 발자국 소리는 내가 돌리는 청소기 소리에 묻혀 버렸다.

출근 준비를 하다 보니 서랍장 위에 양말이 두 켤레 얹혀 있었다. 신고 있던 수면 양말을 벗고 한 켤레를 갈아 신었더니 엄지발가락이 끼었다. 벗어서 살펴보니 꿰맨 자국이 있고 까만색 실밥이 밖으로 튀어나와 있었다. 양쪽 모두가 꿰맨 것으로 보아 구멍이 난 쪽을 돌려가며 신었었나 보다. 매듭지은 부분이 밖으로 나온 것은 아마도 출근시간에 쫓겨서 양말을 신은 채로 깁은 모양이었다. 얼마나 종종걸음으로 쫓아다녔으면 닳아 구멍이 났을까. 순간, 그만 방바닥에서 일어설 수가 없었다.

스물을 갓 넘은 나이에 아이를 낳아 엄마라는 호칭도 어색해했던 철없는 어미였다. 귀하기는커녕, 꿈을 이루지 못한 내 불찰을 아이가 일찍 태어난 탓으로 돌렸었다. 딸아이가 대학 시절 뮤지컬 배우의 꿈을 이루려 상경했었다. 무남독녀라 자립심을 길러야 한다는 명분으로 눈 감으면 코 베어 간다는 그 험난한 곳에 방목한 것이나 다름없었다. 다행히 긍정적인 성격 탓인지, 달걀 껍데기같이 고운피부에 해맑게 생글거리는 모습이 고생이라고는 모르는 아이 같았다. 그래서 늘 샤방샤방한 줄 알고 '그래 너는 도시 생활이 어울린다.'는 궁색한 변명을 했었다.

요람을 떠나 서울 간 지 십여 년이 넘었는데 나는 딸아이가 어떻게 사는지 한 번도 가 본 적이 없다. 처음 서울 가고 옷가지를 택배로 부칠 때 주소가 강남구였다. 지난 추석에 와서 휴대폰 충전기를 빠트리고 갔을 때 주소가 서초구로 되어있다는 것뿐, 아직 강남구가 어디쯤인지 서초구는 또 어디에 붙었는지 나는 모른다. 이삿짐을 싸서 용달을 불러 갔는지 손수레를 빌려 싣고 갔는지도 몰랐다. 오죽하면 주인집 아주머니가 고아인 줄 알더라니.

혈혈단신 혼자서 객지생활이 고달팠던가 보다. 몇 해 전에는 저의 반쪽을 찾을까 하여 집으로 돌아와 짐을 풀었다. 때마침 집안 형편이 기울어지자 국제선 비행기를 타든지 돈 많이 벌겠다며 다시 짐 가방에 근심만 가득 담고 되돌아 갔던 아이다.

서툰 바느질 솜씨로 발가락을 찔리지는 않았는지. 나를 닮아 잘 체하기도 하는데. 늦은 저녁을 급히 먹고 체했을 때, 등 토닥여 줄 손도 없어 싸늘한 변기를 부여잡고 컥컥대며 가슴속에 쌓인 설움을 토해내지 않았을까. 손가락 발가락을 따고 매실엑기스를 마시면 쑥 내려가는데 매실이 있어도 그것 좀 줄 줄 몰랐다.

발목까지 잠기는 눈길을 걷다 보면 신발 속으로 눈이 들어올 때가 있다. 양말이 젖으면 발이 시리다 못해 발가락이 끊어지는 고통이 따른다. 따뜻한 양말은 얼었던 온몸이 녹아내리고 동상도 막을 수 있지 않던가. 나는 딸의 발을 감싸주는 양말이 되지 못했다.

딸은 밤마다 엄마의 구멍 난 사랑을 혼자 꿰매고 있지 않았을까. 바늘방석에 앉은 듯 가슴을 콕콕 찌르고 있다. 오늘 밤은 딸이 사준 수면양말을 신어도 잠을 못 이룰 것 같다.

# 막돼먹은 제수씨

면접실은 좁았다. 면접관 뒤로 고가구가 배치되어 있고 벽에는 사진 액자가 몇 개 걸려있다. 흑백사진 속에 겹겹이 어깨를 맞대고 두 줄로 늘어선 모습이 대가족인가 보다. 숯검댕이 같은 눈썹에 꽉 다문 입이 근엄해 보이는 중년 남자와, 얼굴이 길쭉하고 억세게 보이는 중년 여인, 곱상하고 온화한 얼굴에 제일 연장자로 보이는 여인이 자리하고 있다.

탐탁잖은 모양이다. 방으로 들어설 때 큰 키에 묻혀 병아리처럼 졸졸 따라 들어오는 모습이 영 어설프게 보였나 보다. 그도 그럴 것이 다들 앉은키가 벽에 붙은 시렁에 닿을 듯하다. 문 입구에 쪼그리고 앉아 있는 모습이 키라고는 찻상 높이밖에 안 되는 듯하다. 거기다가 조상이 의심스러운 노랑머리에 사흘에 피죽도 한 그릇 못 먹은 듯 노리땡땡하고 몸집은 휘파람만 불어도 간당거릴 것같이 왜소하지 않은가.

"고향이 어딘가?"

"양친은 계신가?"

중년 여인과 나이 든 여인이 번갈아 묻는다. 영문도 모른 체 따라 들어와 앉았지만 별 어려운 문제는 없다. 그저 자리가 당혹스럽고 어색할 뿐이다. 두 여인이 돌아가면서 한 마디씩 던지는데 남자만 한일자로 입을 꾹 다물고 있다.

묻는 말에 한 치의 망설임 없다. '아버지는 일찍 돌아가셨고 일가친척도 없고 어머니가 장사해서 먹고 사노라'고 또박또박 대꾸한다. 고개를 바짝 치든 모양이 당돌하기 짝이 없다. 홀어머니 아래 자란 자식 교육이 어떠했을지 안 봐도 비디오라. 숯검댕이 남자의 미간이 찌푸려진다. 그때 옆에서 지켜보던 얼굴 긴 여인이 상황을 파악하고 말끄리를 날를 받는다.

"마, 짝은 꼬추가 맵다꼬 무더기는 작아도 야무지겠니더. 그라고 지 삼촌도 어무이 안 계시도 안 착합니꺼, 사실 멀대같이 키만 크면 머합니꺼."

결정적인 한마디였다. 거드는 마누라 속셈을 왜 모를까. 영 마뜩잖지만 형수 밑에서 눈칫밥 먹는 혼기가 꽉 찬 동생을 보면 찬밥 더운밥 가릴 처지도 못 되었다. 나이 든 여인은 그저 안쓰러운 표정으로 '처자 다리 아프겠네! 그만하세.' 하신다.

시숙, 형님, 시고모 앞에서 영문도 모르고 그렇게 첫 상견례를 했다.

종갓집 장남의 위세가 대단하다. 산천을 호령하는 듯한 시숙의 고함에는 동네가 쥐 죽은 듯하다. 여자들은 부엌에서 일만 하는데 나만 예외다. 시숙과 나란히 앉아 이야기도 듣고 한마디씩 톡톡 내던진다. 은근히 사농공상士農工商 의식을 가지고 있는 시숙이 볼 때 장사하는 홀어머니 밑에 본데없이 자라서 버르장머리 없다고 했을 터이다. 아마도 자기 며느리 같으면 노발대발할 일인데 제수씨가 어려운 자리인가 보다.

명절 때 제사음식을 하는데 전을 부치면서 맛도 안 본다. 제사를 지내야 음식을 먹지 어디 조상제사도 지내기 전에 손을 대느냐며 어림 반 푼어치도 없다. 나는 형님들이 구워 놓은 전을 쭉쭉 찢어서 먹고 수고하시는 형님들 입에도 넣어드렸다. 처음에는 기겁을 하던 형님들도 쉬쉬하며 나무라지 않았다. 노릇노릇하게 구운 전을 따뜻할 때 먹어야 제맛 아닌가. 죽은 조상이 먼저 드신다니 무슨 귀신 씨나락 까먹는 소린지.

시숙 칠순이 되었다. 식당을 겸한 행사장에 지인들과 일가친척이 모였다. 갖은 음식이 차려진 큰 상 앞에 내외가 앉았다. 사회자가 그동안 살아온 역정을 소개했다. 교직에서 후진 양성을 위해 평생을 바치셨고 제자들이 두루두루 요직에 있다는 둥… 다소 과장된 이력을 소개할 때는 분위기가 숙연하다. 그다음 자식들이 부모님께 절을 올리는 순서가 되면서부터 분위기가 침울했다.

장자 우선이라, 죽은 장자 대신 어린 장손이 큰절을 올리자 그만 근엄하신 시숙은 흠흠 헛기침을 하시고 형님의 눈시울도 붉어졌다. 결혼에 실패해서 홀로된 막내아들 차례가 되니 숫제 초상집 분위기다. 부모 마음이야 자식들이 건강하게 온전한 가정을 이루고 사는 것보다 더 바랄 게 뭐 있을까. 멀리서 온 친척들은 삼삼오오 모여 앉아 그간 소원했던 일들을 풀어놓느라 여념이 없다. '부모님 은혜' 음악이 잔잔히 흐르다가 '낙엽이 우수수 떨어질 때 겨울에 기나긴 밤 어머님 하고~'라는 구슬픈 음악이 한층 식장을 가라앉힌다.

밴드 진행자에게 살짝 가서 디스코 메들리를 틀어 달라고 했다. 마이크를 잡고 '앗싸!' 하고 신나게 트위스트 춤을 추며 흥을 돋우었다. 이쯤에서 오늘의 주인공 노랫가락을 듣지 않을쏘냐! 시숙의 팔을 붙들고 나왔다. 칠순잔치를 차려준 자식들과 손자들이 흐뭇하기도 하겠지만, 당신 연세가 칠순이라 하니 회한이랄까. 이제 살아갈 날이 머지않음을 실감하고 상념에 젖어 있었을 것이다. 놀고 싶은 마음은 있으나 체면 때문에 못 한 것이 한둘이겠는가. 몸이 늙지 마음마저 늙지 않는다. 약주도 한잔하셨고 만감이 교차하셨으리라. 아무리 완고한 사람도 세월이 가면 느슨해지고 체면 때문에 욕망을 드러내지 않을 뿐 기분은 꿈틀댄다.

시숙에게 마이크를 쥐여 드리니 '홍도야 우지 마라 오빠가 이~이~있다~' 쩌렁쩌렁하게 부르신다. 그 소리에 울고 있던 홍도들이 우르르 튀어나와서 시숙을 에워싸고 형님은 어깨춤을 덩실덩실 춘다. 너나없이 온 가족이 땀에 흠뻑 젖도록 춤추고 노래하다 보니 그제야 잔칫집이 되었다. 칠십이 되도록 호령하는 고함 소리는 있어도 큰 소리로 노래한 적이 없던 세월을, 날라리 제수씨 때문에 그만 체통을 허물어버렸다.

'아무렴 늙은 말이라고 콩 마다할까.'

## 목줄

해가 저물도록 소식이 없다. 무표정으로 길거리에 오고 가는 사람들 사이로 주인 따라 산책 가는 강아지가 사방을 두리번거린다. 창 너머 교회 화단에는 해묵은 한지 같은 목련꽃이 널브러져 있다. 기어이 오지 않으려나. 종일 착잡한 마음에 뒷목이 뻐근하다. 서랍에 던져두었던 돈이 나를 째려본다.

스물댓은 됐을까? 아가씨가 영정사진을 찍어 달라고 했

다. 의아해하는 내 눈빛에 역시 고개를 끄덕이며 의자에 털썩 주저앉았다. 30여 년 숱한 사진을 찍었지만 새파란 아가씨가 영정사진 찍어 달라는 것은 처음이다. 갑자기 불길한 예감이 들었다. 혹시 자살하려는 것이 아닐까 자살률이 세계 1위라던데. 그렇다면 어떻게 생각을 바꾸게 할까. 머릿속이 혼란스럽다. 일단 사진 찍을 준비를 하면서 최대한 시간을 끌어야겠다.

화장기가 없는데도 이목구비 또렷한 갸름하고 예쁜 얼굴이다. 핏기 하나 없는 언 배추 같아 내 화장품을 내밀며 발라보라고 했다. 흰색 옷을 입었기에 꽃무늬 내 재킷을 벗어 입어보라고 했다. 봄날에 알을 품은 채 졸고 있는 암탉처럼 눈꺼풀이 내려앉아 눈을 크게 떠보라고도 했다. 그러나 만사가 귀찮은 듯 고개를 절레절레 흔들며 말하는 것도 귀찮은 표정이었다. 축 늘어진 어깨를 바로 세우려 가까이 가니 달착지근한 알코올 냄새가 코를 찔렀다.

백주 대낮에 아가씨가 무슨 술을 그렇게 마셨을까. 돈을 떼였을까, 보증을 서서 곤경에 처한 걸까. 나이로 봐서 그것은 아닐 것이고, 아마도 사랑하는 남자에게 다른 여자가 생겨 결혼한다는 연락을 받았을 거야. 그렇지 않고서야 이제 한창 꽃 피울 나이에 생명을 포기할 리 없다는 생각이 굳어졌다. 상처가 얼마나 크고 견디기 힘들었으면 생을 마감하려 할까. 저렇게 참한 아가씨를 헌신짝처럼 버린 놈이 대체 누군지. 딸을 키우고 있다 보니 남의 일 같지 않았다.

사진을 찍자마자 당장 해달라는 것을 내일 찾으러 오라고 했다. 하루라도 시간을 끌자는 생각이었다. 죽는다는 생각이 순간이라고 하니 밤새 마음이 바뀔지도 모를 일이다. 온 마음을 바쳐 사랑했다가 그 사랑을 잃으면 죽을 것 같지만, 시간이 고통도 가져간다. 그러다가 상처가 아물고 또 다른 사랑이 찾아오면 '진실로 사랑을 했던가'라는 의문이 들 수도 있고 '그때는 진실이었다'는 말이 나오는 것을 보면 말이다.

어떤 일은 그때는 최선이라고 생각했던 것이 시간이 지나고 보면 어이없을 만큼 무모하지 않던가. 사진을 찍고 선금을 받아야 할지 말아야 할지 갈등이 생겼다. 만약에 죽는다면 헛수고가 되는 것 아닌가. 그러나 내 마음은 이미 목줄을 맨 채 주인을 졸졸 따라가는 강아지처럼 돈을 따라가고 있었다.

하룻밤 지나고, 완성된 아가씨의 영정사진을 보니 섬뜩했다. 유언 같은 메모를 해 놓았다면 가족 중에 누군가 사진을 찾으러 오리라. 혹시, 보란 듯이 연락을 해서 그 남자가 올 수도 있을 거야. 그때야 슬픔에 젖은 얼굴로 사진을 보며 절규하겠지. 그리고 나를 노려보며 왜 말리지 않았느냐고 원망하겠지. 원망이 분노로 바뀌어 살려내라고 행패부리지 않을까. 아마도 죽음의 방관자라는 누명도 쓸 것이다. 점점 버거운 상대와 출발 선상에 선 마음처럼 심장이 벌렁거리고 생각은 꼬리를 물었다. 그녀는 죽음을 생각하는데 나는 먹고살 생각부터 하다니. 쥐어뜯은 손이 벌겋다.

로션을 찾아 서랍을 여는데 출입문이 열린다. 알싸한 바람을 앞세워 흰색 티셔츠에 긴 생머리, 어제 그 아가씨가 들어온다. 반가움에 울컥 목이 멘다.

"늦었네요. 많이 기다렸어요."

어제부터 내 마음을 헝클어 놓았던 그녀는 한참 동안 사진을 들여다보았다. 희미한 미소를 지으며 돌아서는 그녀 뒤로 술 냄새 대신 목련꽃 향이 은은하게 퍼졌다.

서랍 속의 신사임당 여사가 빙긋이 웃는다.

# 달

노을을 품고 검게 물드는 산마루가 높고 고요하다. 산줄기 사이로 움푹 파인 고갯마루에 뿌연 김이 오르는가 싶더니 고봉밥같이 흐벅진 보름달이 휘영청 돋아온다. 곧이어 대낮처럼 산야를 밝히던 달이 서서히 검은 휘장을 두르며 우주 쇼를 알린다. 수런대는 주변 소리를 뒤로한 채 빛을 잃은 세상의 적막함에 나만 홀로 상념에 잠긴다.

새벽달이 뜰 무렵이면 어머니는 보따리를 쌌다. 어린 삼 남매만 달랑 남겨두고 아버지가 하늘나라로 떠난 후부터다. 방바닥에 하얀 광목 보자기를 펼쳐 놓고 윗목에 쟁여놓은 옷가지들을 주섬주섬 골라 소창을 대리석처럼 깔고 내의, 양말 등을 차곡차곡 탑 쌓듯이 개켜 담았다. 그리고는 사각 모서리를 단단히 묶는다. 홀로 무서운 밤길을 걷는 불안한 마음을 동여매기라도 하듯이. 어머니의 발길은 재 너머 건넛마을로 오일장터로 달빛처럼 닿지 않는 곳이 없었다.

분주하던 골목에 땅거미가 내리면 저녁 짓는 연기 따라 친구들은 뿔뿔이 흩어졌다. 공터에 덩그러니 남아있던 우리는 장사 떠난 엄마를 기다리며 건너 산마루에 눈이 박힌다. 어느 순간 고갯마루가 환해지며 하얀 보따리가 달처럼 둥싯 떠오른다. 그러다가 굽이진 산길에 들어서면 하얀 보따리는 구름에 달 가리듯 어둠에 묻혔다가 어느새 총총히 움직인다. 시든 배추 잎처럼 방천에 쭈그리고 앉아있던 우리는 "엄마다." 하며 논밭 사이로 난 샛길로 망둥이같이 튀어나간다.

하얀 보따리가 보름달처럼 둥글면 어머니의 머리가 무거울 것 같아 우리의 마음도 무겁고, 초승달처럼 홀쭉하면 어머니의 머리도 우리의 마음도 가벼웠다. 초승달이 점점 커지듯 우리 집 살림도 불어났다. 우리 삼 남매도 쑥쑥 자라니 어머니의 파리하던 얼굴에도 화색이 조금씩 돌기 시작했다.

달도 차면 기운다고 했던가. 산 넘고 물 건너 발이 부르트도록 번 돈을 믿고 빌려준 사람들에게 떼이는 일도 잦았다. 어느 해는 폭설에 갇히기도 했었다. 아침에 하늘이 낮게 내려앉는다 했더니 오후부터 성긴 눈발 날리며 바람도 사나웠다. 그날따라 엄마는 고개를 두 개나 넘어야 하는 산골이라는 마을에 아기 기저귀 감을 가져다 주기로 했었다. 넘겨주기가 무섭게 부랴부랴 뒤돌아 나섰지만 길은 이미 허벅지까지 눈으로 쌓여버렸다.

눈 쌓인 산길은 깊이를 알 수 없다. 무거운 몸 이끌고 눈바람 헤치며 가는 길에 발목이 빠지면서 머리 위의 보따리와 같이 내동댕이쳐졌다. 눈구덩이에서 빠져나오기란 갯벌에 빠진 발과 같아서 한 발을 빼내려 하면 또 다른 발이 빠지고 만다. 누군가 손이라도 내밀어 주면 나오기가 수월한데 어머니의 눈앞에는 아무런 구원의 손길도 마른 지푸라기도 없었다. 늦도록 기다리는 아이들 앞에 나타난 어머니는 혼이 반쯤 나간 듯 축축이 젖어있었다. 그리고 어머니는 며칠을 몸져누웠었다.

산골 마을에는 어둠이 살같이 찾아온다. 지치고 곤해도 몸은 뜨거웠으리라. 아랫목 온기에 얼핏 잠들었다 깨어보면 장지문으로 새어드는 달빛은 방 안 가득하고, 무시로 달려드는 고독에 조각달처럼 이지러진 몸과 마음이 시리던 밤, 빈 가지를 스치는 바람 소리 따라 수없이 윙윙대기도 했으리라. 그렇지만, 달이 몰락할 수 없듯이 어머니는 조약돌 같은 까만 눈망울들을 차마 외면하지 못해 자식들의 빛이 되어야만 했었다.

빛은 길고 길었던 어둠을 밀어내고 개기월식 우주 쇼는 장엄하게 끝이 났다. 세상은 온통 고요에 들고 검푸른 하늘에는 시린 달빛만 홀로 어둠을 밝힌다. 달을 쳐다본다. 태양이 져버린 지구를 달빛 하나로 밝히시던, 그믐밤에도 하얗게 세상을 비추던 달, 창백한 피부에 거뭇거뭇하게 세월의 꽃이 핀 그리운 어머니의 얼굴이 얼비친다. 저 달을 오래토록 볼 수 있게 기도하는 가슴에 달무리가 진다.

# 물 먹이기

물 먹기가 싫다. 물고문으로 죽은 조상이라도 있는지, 같은 물 종류의 술은 술술 잘도 넘어간다. 그런데 물 한 잔 마시려면 마치 장희빈이 사약 받았을 때처럼 해괴한 모습이 나온다.

어느 날 방광염 증상이 와서 병원에 갔다. 의사 선생님께서 물을 많이 마시라며 물 먹기가 싫으면 과일을 먹든지 음료수라도 충분히 마시라고 당부했다. 혹시 “맥주를 마시면 안 됩니까?” 했다가 주사 한 방 맞았다.

집안에 키우는 짐승도 주인을 닮는다더니 우리 강아지가 나를 닮았는지 물을 잘 먹지 않았다. 수시로 온몸을 박박 긁다가 등이 가려운지 발라당 뒤집어 사지를 버둥거렸다. 동물병원에 갔더니 강아지가 피부병이 생기고 소변에 단백질이 빠져나온다 했다. 원인은 물을 먹지 않아서라며 하루 물을 300ml는 먹이라고 했다. 물 먹이려 강제로 입을 벌렸더니 물려고 했다. 다시 주사기에 물을 넣어 먹였더니 주르륵 쏟아내고 당최 먹지 않았다.

궁리 끝에 강아지가 좋아하는 닭 가슴살을 물에 말아주었다. 퓹퓹거리며 마파람에 개(?) 눈 감추듯 했다. 밥도 말아주니 그릇을 말끔히 비워 놓았다. 그럼 그렇지! 요즘 개의 지능이 높다 한들, 개는 개일 뿐이고 내 꾀에 넘어가지 않을쏘냐.

"적어도 너는 대학교수쯤은 되었어야 할 두뇌였어." 하던 친구의 예리한 안목을 떠올리기도 하고 내게 위대한 발견을 할 수 있도록 명석한 두뇌를 주신 하나님께 감사도 드렸다.

어느 날부터 방바닥에 깔아 놓은 보료가 축축했다. 대체 어디서 물이 흘렀을까. 보일러가 터진 것도 아니고, 우리 강아지는 오줌을 잘 가려 아무 데나 싸지도 않는데….

보료를 뒤집어 놓았다. 그런데 또 축축한 것이 아닌가. 문득, 강아지가 밥 먹다가 방으로 쪼르르 들어가던 생각이 났다. 물에 밥을 말아주고 멀찍이서 지켜보았다. 강아지가 입에 밥을 잔뜩 물고는 달리기 선수 우사인 볼트처럼 바람을 가르며 방으로 달려갔다. 그러더니 보료 위에다 이빨 사이로 물을 쭉 짜놓고는 건더기만 집어 먹는 개(?) 아닌가.

오 마이 갓!! 이런 개 같은 일이….

그러개, 남을 물 먹이는 개 그렇게 좋은 개 아닌 개야.

난 그만, 냉수 한 사발 벌컥벌컥 들이마셨다.

# 길을 잃고 길을 찾다

아직 제대로 피워보지도 못한 가을을 놓고 싶지 않습니다. 타다가 시든 붉디붉은 단풍은 촉촉한 빗줄기에 술 취한 듯 휘청대고, 파삭하게 핏기 말라 바스락바스락 집시 되어 떠돌던 낙엽도 온몸을 적시는 단비에 다소곳해집니다. 잎새 떨군 나목은 자세 더욱 꼿꼿합니다. 낮게 가라앉은 하늘, 깊어지는 몽환의 오솔길을 질척하게 갑니다.

오후부터 온다던 비가 아침부터 내립니다. 비옷을 챙겨

입고 배낭에 덮개를 씌우느라 분주합니다. 빗길에 길잡이 없이 지도 한 장 들고 가려니 더러는 산행을 포기하는 분들도 있습니다. 가을비는 서글프지만 워낙 오랜 가뭄이라 개의치 않고 의연하게 흠뻑 취해봅니다. 앞서거니 뒤서거니 오르다 보니 우람한 바위가 앞을 떡하니 막고 있습니다. 소의 뿔처럼 생긴 변산반도의 명물 쇠뿔바위입니다. 어느새 선두로 갔던 몇 명은 엉뚱한 길로 가서 되돌아옵니다. 쇠뿔바위를 보지 못했답니다. 서둘다 보면 때로는 아까운 것을 놓치는 경우가 허다합니다.

자우룩한 비안개에 먼 산 조망도 불타던 단풍도 숨어버렸습니다. 빗소리 바람 소리 들으며 무심으로 걷습니다. 제일 중요한 휴대폰만 감싸고 기계적으로 움직일 뿐입니다. 길은 희미해져 어림잡아 갑니다. 모진 비는 하염없이 내리고 죽음 같은 침묵의 세계입니다. 축축하게 젖은 온몸에 발걸음은 땅에 붙은 듯 천근만근입니다. 사람 발걸음이 참 무섭습니다. 휘적휘적 걸으며 봉우리 몇 개 오르내린 것이 4시간째입니다. 묵은 산소가 나옵니다. 이제 좌측 아래로 내려가면 됩니다.

빗물 넘치는 실개천이 보입니다. 마을이 곧 나타날 것 같습니다. 반쯤 허물어진 돌담과 고샅도 흥건합니다. 슬레이트 지붕엔 깨진 굴뚝에서 곧 저녁연기가 피어오를 듯합니다. 세찬 비바람에 오달지게 달린 주홍 감이 가지가 버거운지 땅바닥에 어깨를 기대었습니다. 빗속에 아무것도 먹지 못해 감을 보니 덥석 베어 물고 싶네요. 떫은맛 뒤에 달달한 맛도 있을 것 같습니다. 그러나 개가 컹컹 짖으며 달려들까 겁이 나서 유혹을 뿌리칩니다. 마을은 몇 가구 되지 않습니다. 아래로 갈수록 민가가 많아지리라. 그런데 갑자기 앞이 훤하게 뻥 뚫렸습니다. 집들도 길도 더는 보이지 않습니다. 평화스럽게 보이던 마을이 갑자기 을씨년스럽습니다.

뻥 뚫린 눈 앞 광경에 할 말을 잃습니다. 길이 뭉텅 잘린 낭떠러지에 아래는 황톳빛 부유물이 넘실대는 거대한 호수입니다. 호수에 떨어지는 빗줄기가 수천만의 원을 그립니다. 일파만파 회오리치는 물결을 망연히 바라봅니다. 산 밑으로 조금 유실된 넓은 길이 있어 따라가 보니 호수로 연결된 막다른 곳입니다. 되돌아와서 찾아봐도 길이라곤 산길밖이라 한참을 올라갑니다. 아무래도 아닙니다. 전화를 합니다. 통화권 이탈입니다. 귓속에서 윙 소리와 함께 머릿속까지 아득해집니다. 귀신이 곡할 노릇입니다. 아무래도 뭔가에 홀린 것 같습니다. 어디서 길이 사라졌을까 진퇴양난進退兩難, 사면초가四面楚歌 비는 계속 내리고 천둥은 치고 불안해집니다.

예기치 못한 일은 이렇게 해서 벌어지나 봅니다. 길은 끊어지고 전화 연결도 되지 않고 이렇게 조난을 당하나 봅니다. 곧 해도 떨어지고 어둠이 내릴 듯합니다. 한시라도 빨리 이곳을 빠져나가야 한다는 절박함이 몰려오기 시작합니다. 하늘에서 빗물이 쏟아지고 뜨거운 눈물이 볼을 타고 흐릅니다. 왔던 길을 되돌아가기에는 이미 너무 많이 와버렸습니다.

호랑이에게 물려가도 정신만 차리면 산다고 했습니다. 인간은 위기 상황에서 초인적인 힘이 솟는지, 다시 원점으로 갈 수 있는 곳까지, 구조대가 와서 찾을 수 있는 곳까지 차근차근 되짚어 마을로 올라가 봅니다. 마을은 텅 비었습니다. 비에 젖은 지도를 살펴보니 변산 수몰지역입니다. 아랫마을은 물에 잠기고 버려진 윗마을이 조금 남아 있을 뿐입니다. 주인 잃은 집과 텃밭, 감, 대추, 석류는 거두는 사람 없어 저 홀로 익어가고 있습니다. 이 가련한 것들을 남겨두고 수몰민들은 어디 낯선 곳에서 새로운 보금자리를 펴고 있을는지요.

마을 뒤쪽으로 흐릿한 길이 야트막한 산 쪽으로 연결됩니다. 옆 마을로 연결되던 고갯마루인가 봅니다. 드디어 길을 찾았습니다. 하산길은 무조건 평평하거나 내리막이라고만 생각했습니다. 힘든 길보다는 쉬운 길을 택하는 심리일까요. 때로는 한껏 치올랐다가 다시 내려가는 경우도 있는데 말입니다. 때마침 뚜뚜 전화기 연결 음도 들립니다.

어느새 비는 그쳤습니다. 변산 곰소의 잿빛 바다가 환해집니다.

# 불청객

먹구름이 일고 대지가 잿빛으로 무겁게 내려앉았다. 누렇게 돌진해 오는 시위대가 세상을 삼키려 한다. 검은 폐비닐이 독수리처럼 날아다니고 각목이 발목을 낚아챘다. 최루탄이 볼을 때려 코끝이 시큰해지고 눈조차 제대로 뜰 수가 없다. 흡사 데모 현장이다. 안전지대로 피해야하는데 인적이 드문 허허벌판이었다. 궁하면 통한다더니 황토 흙바람을 가르며 구조대가 오고 있다. 어라! 그런데 차가 멈추지 않고 도망을 간다.

며칠 전이었다. 봄바람 든 이웃 여인 다섯 명이 봄 마중을 가기로 했다. 그런데 웬일, 가는 날이 장날이라더니 매스컴에서 사상 유례없는 황사주의보가 내려 가급적 외출을 삼가라고 했다. 주부에 저마다 직업이 있는지라 휴일 하루 금쪽같은 시간을 비워두었는데 그까짓 황사가 대수겠는가. 부풀어오른 여인들의 춘심을 막을 장사가 없었다. 막상 어디로 가야 좋을지 갈피를 못 잡는 우리에게 제일 연장자인 분식집 언니의 남편이 선뜻 흑기사를 자청했다.

여인들을 태운 차는 도심을 벗어나 한참을 달렸다. 차가 멈춘 곳은 규모가 제법 큰 찜질방 앞이었다. 아무 곳이든 어떠랴. 오늘 하루 설레는 마음을 고삐 풀린 망아지처럼 즐기면 되는 것을. 헐렁한 가운을 입고 타월로 양머리를 틀었다. 지지배배 재잘대는 여인들의 찌든 스트레스가 몸에서 입으로도 흥건하게 떨어진다.

창밖을 내다보니 들녘이 파릇하다. 가없이 펼쳐진 들판의 포도나무에는 붉게 새순이 움텄고, 대추나무도 연두 잎을 틔울 채비를 한다. 길 건너 저수지에는 낚시꾼들이 듬성 듬성 제멋대로 앉아 봄을 낚고 있다. 저수지 가장자리의 색바랜 수초가 바람에 흔들린다.

어쩔 수 없는 주부들인가 보다. 여인들의 엉덩이가 들썩였다. 봄나물이나 뜯자 하여 밖으로 나갔다. 논두렁에는 봄의 전령사인 쑥이며 씀바귀, 꽃다지가 고개를 뾰족이 내밀었다. 여인네들의 손놀림이 분주하다. 향긋한 봄내음에 취하다 보니 어느새 비닐봉지마다 나물이 가득 채워졌다.

과장된 일기예보려니 하던 차, 순식간에 검은 회오리바람이 몰아쳤다. 평화롭던 봄 동산이 아수라장이었다. 그때다. 약속이나 한 듯이 아침에 우리를 태워준 흑기사 차가 왔다. 그런데 우리를 태우지도 않고 휭 지나가 버렸다.

"아저씨!"

자기 아내를 못 본 걸까 장난을 치는 건가? 팔을 흔들며 젖 먹던 힘까지 다하여 뛰어가니 한참을 달리던 차가 머뭇거리더니 멈췄다. 차문을 확 열고 우르르 뒷자리에 올라탔다. 그런데 조수석에 타야 할 언니가 뒷자리로 오는 것이 아닌가.

한 편의 드라마일까, 아저씨 옆에는 웬 낯선 여자가 앉아 있었다. 가지런히 빗어 넘긴 뒷머리에 리본 핀이 꽂혀 있었다. 어안이 벙벙한 채로 차가 출발했다. 찜질방에 있어야 할 우리의 출현에 저승사자를 만난 듯 놀란 아저씨가 횡설수설하는 말은 허공에 흩어져버렸다.

나는 두 사람이 부적절한 관계라고 단정했다. 무슨 가제트 형사나 되는 것처럼 불륜의 행적을 유추했다. 올 때는 버스를 타라 하며 아침에 찜질방 앞에 내려주고 간 시간부터 찜질방에 머문 시간과 봄나물 뜯던 시간까지 어디서 무엇을 했을까. 아마도 만나서 식사를 하고 둘만의 은밀한 공간으로 불나비처럼 스며들었으리라. 여자는 긴 머리를 늘어뜨리고 낙지같이 끈적이며 엉겨 붙어 뒹굴었을 것이다. 상상이 꼬리를 물었다.

반찬거리라도 뜯으려다 된바람 맞은 언니의 머리는 산발이 되었고 광대뼈가 불거지게 어금니를 꽉 다물고 있었다. 조신하게 앉아있는 여자가 뻔뻔하고 가증스럽고 불결하게 느껴졌다. 마음 같아선 여자의 머리끄덩이를 휘어잡고 싶지만, 숨소리도 죽인 우리의 귀에는 그저 윙윙 바람 소리만 울고 있었다.

거세게 불어대는 바람 탓인가. 적색 신호를 무시하고 달려가는 아저씨의 핸들 쥔 손이 사시나무 떨 듯했다.

언니는 억척이었다. 장사해서 번 그날의 수입을 앞치마째 남편에게 드렸다. 몸이 아파 들어앉아 있는 남편에게 돈 세는 재미라도 느껴보라는 언니의 속 깊은 배려였다. 남편에게 지극정성인 언니의 마음에 하늘도 감동했는지 남편의 몸이 점차 회복되었다.

그러나 '걸으면 말 타고 싶고, 말 타면 종 부리고 싶다'던가. 어느 날부터 남편이 바람 쐬러 간다며 외출도 잦아지고 귀가 시간도 늦었다고 했다. 어디선가 전화가 걸려오면 허둥대며 밖으로 나가서 받는다며 얼마 전 내게 조심스럽게 얘기했었다.

집 앞에 도착했지만 우리는 맨 정신으로 들어갈 수가 없었다. 평소 술을 못 마시는 언니가 소주를 거푸 두 잔이나 비웠다. 청천벽력 같은 상황에 용케도 참았던 분노가 표출되는지 아니면 체념인지 손에는 눈물 잔이 또 들려있었다.

우리는 밤이 깊도록 고래고래 노래방에서 악다구니를 쓰며 소리를 질렀다.

일장춘몽이기를. 악몽에서 깨어난 언니가 끓인 쑥국 향이 빨리 내 코끝으로 전해지길 기도한다. 그러고 보니 올해의 황사는 그 어느 해보다 눈물 나게 맵다.

# 개떡 같은 날

종일 남의 얼굴 들여다보는 것이 나의 일이다. 갓난아기부터 노인까지 남녀 구분이 없다. 오늘은 오전에 고작 할머니 여권사진 한 판 찍은 게 전부고, 한나절이 지나도록 사람 구경도 못 하고 있다. 다들 봄나들이라도 간 건가. 밖에 나가자고 보채던 강아지도 책상 위에 납작 엎드렸다. 꼬리를 툭 치니 심드렁하게 눈도 끔뻑이지 않는다. 창으로 들어오는 봄 햇살이 이다지도 따사로운데 전들 갑갑하지 않으랴. 연신 하품이 나고 눈꺼풀이 내려앉아 커피를 몇 잔째

축내고 있다.

실없이 바깥만 내다본다. 옆집 미용실 여자도 따분한 모양이다. 슈퍼 쪽으로 가면서 자기 집에 가라는 사인을 보낸다. 주전부리라도 해놓고 음료수를 사러 가는 걸까? 좀 전에 볼록한 비닐봉지를 들고 들어가더라니. 마침 입도 궁금하던 차라 눈이 번쩍 뜨인다. 먼저 일어나 꼬리 치는 강아지를 안고 옆 가게로 갔다.

미용실 문을 열자 웬 남자가 옷장 앞에서 주머니에 무엇을 쑤셔 넣고 있다.

"아저씨 뭐하세요?"

무심결에 말이 툭 튀어 나갔다. 순간 사내가 휙 돌아서며 비호같이 몸을 날리더니 솥뚜껑만 한 주먹을 무지막지하게 내려친다. 부라린 눈에 눈썹이 치켜 올라가고 누런 이빨을 드러내고 입술을 실룩거리는 꼴이 며칠 굶주린 맹수다. 움켜쥔 먹이를 놓치지 않으려고, 우리 안에 뛰어든 사육사를 이리저리 패대기치며 물어 죽일 기세다.

찰나의 날벼락이다. 눈앞에 별똥별이 쏟아지고 몸이 쏘

꾸라졌다. 개도 짖을 틈 없이 두 눈 뻔히 뜨고 부지불식간에 당한 한낮의 테러였다. 후다닥 문 여는 소리에 반사적으로 내다보니 짐승의 꼬랑지 같은 것이 어느새 저만치 모퉁이를 휙 돌고 있다. 말문이 콱 막혔다. 무슨 말을 해야 하는데 뻥 뚫린 입에서 거친 숨만 쏟아졌다. 도도, 도둑이란 웅얼거림이 입안에 맴돈다. 꿈인지 생시인지 정신이 아득하다.

출동한 경찰관과 과학수사대가 지문을 채취했다. 옷장, 출입 유리문과 손잡이, 여자가 종이컵에 타 준 커피잔까지. 경찰관이 여자에게 안면이 있는 사람이냐고 물으니 처음 온 손님이라 한다. 남자가 머리를 자르고 염색도 할 건데 아내도 곧 올 테니까 커피 한 잔 타 달라고 부탁했단다. 그리고 종일 아무것도 못 먹었다며 5천 원을 주면서 컵라면을 끓여 달라고 했다 한다. 여자도 미심쩍었던지 슈퍼에 가면서 혹시나 해서 나를 보낸 것이다.

경찰이 여자에게 인상착의를 물었다. 얼굴은 못 봤고 검정 옷을 입었다고만 대답했다. 내 뇌리에 찍힌 모습은 나이는 40대 초반이고, 계절에 맞지 않게 후줄근한 폴라리스 재색 상의에 검정 바지를 입고, 모자를 쓰고 약간 각진 얼굴에 머리가 좀 길고 피부는 검고 눈이 크며, 아래 앞니 사이가 벌어진 얼굴이었노라고 말했다. 경찰이 받아 적으며 증인을 서 줄 수 있느냐고 묻는다. 아무리 사진쟁이지만 그 경황에 내 머리에 그토록 생생하게 찍힐 게 뭐람! 오라니 가라니 할 것을 생각하니 난감하다.

여자는 벌벌 떨며 남편이 없으니 도둑놈도 얕본다며 하소연이다. 그리고 얼굴에 열이 펄펄 나고 가슴이 쿵쿵 뛴다며 훌쩍거린다. 손님이 없어 군것질하려는 여자가 밖에서 염탐하던 도둑의 먹잇감이 되었을 것이다. 적지 않은 나이에 미용 일을 하며 집세 주려고 푼푼이 모은 구렁이 알 같은 돈을 도둑맞았으니 오죽 아깝고 원통할까. 눈알이 빠져도 그만하길 다행이라고! '돈 내놓으라고 칼을 들이대며 찔렀으면 어떡할 뻔했어요. 그래도 그만하길 천만다행이지요.' 우는 여자를 흠씬 두들겨 맞은 내가 오히려 위로해야 할 형편이다. 어쩌면 그것은 나에게 한 말이다.

절간같이 조용하던 거리에 갑자기 사람들이 웅성거린다.

보는 사람마다 어떻게 되었는지 마치 심문하듯 묻는다. 밖에서 지켜보지 왜 들어갔느냐! 크게 '도둑이야!'라고 외쳤다면 잡을 수도 있었다는 둥 온갖 말을 수군수군 댔다. 남의 일이라고 어찌 그리들 쉽게 말을 하는지. 그저 흥밋거리 정도로 여기는 사람들이다. 이마와 광대뼈가 벌겋게 부어오르고 눈탱이가 밤탱이 되어 욱신거린다. 도둑을 때려눕혔다면 자랑스러운 시민상이라도 받지! 참 개떡 같은 날이다.

# 2부 국지성 소나기

# 국지성 소나기

서쪽 하늘에 먹빛 구름이 부글부글 끓더니 하마 같은 입을 벌려 토악질을 해댄다. 이글거리던 태양에 까무룩 기절해 있던 건물과 도로가 혼비백산 깨어난다. 종일토록 길옆에서 찜질하던 승용차 위에도 폭포수가 내리꽂히니 물파편이 피융피융 물안개를 내뿜으며 삼십육계 줄행랑을 친다.

남편의 퇴근 시간이 늦어졌다. 술에 취해서 들어오는 날이 잦았다. 손에 빵 봉지가 들려올 때가 있었다. 평소 안 하던 행동이라 누군가에게 선물을 받았거니 했었다. 아침잠이 유난히 많은 사람이 늦게 들어와서도 새벽 일찍 나가곤 했다. 통장으로 들어오던 월급이 들쭉날쭉 그러기를 몇 달째더니 그마저도 아예 무소식이었다.

길 아래위로 사람들이 우르르 뛰어간다. 우산을 손에 쥐고 헐레벌떡 뛰어가는 아주머니는 미처 우산을 준비하지 못한 아이 마중을 가나 보다. 우산을 받쳐 들고 가는 아가씨도 위태위태했다. 아니나 다를까, 휘몰아치는 엄청난 폭우에 우산이 뒤집어졌다. 세찬 빗줄기는 금방 아가씨 굴곡진 몸매를 선연하게 드러내 놓았다.

어깨가 초가집 추녀처럼 축 처진 채 들어와서 밤잠을 설치는 날이 다반사였다. 남편은 그제야 회사에 제일 큰 거래처가 부도났다고 했다. 연쇄 부도를 내지 않으려고 사방팔방 뛰어다녔다. 젊지 않은 나이라 쓰러지면 다시는 못 일어날 것 같았다. 가진 것 다 쏟아부었다. 나름 단단하다고 했지만, 한 번 터진 봇물은 여간 땜질을 해도 차츰 누수가 되었다. 남김없이 쏟아 넣고도 모자라 어쩔 수 없이 친인척까지 끌어다 대었다. 그렇지만, 폭우에 비닐우산은 바람 앞에 촛불이었다.

문밖에 쇳소리가 났다. 높은 지대에서 쓰나미처럼 쏟아져 내려오던 빗물이 가게 앞에 세워놓은 입간판을 후려쳤다. 버텨보려고 무진 용을 쓰며 배꼽 인사하듯 끄덕이던 간판이 물의 무게를 감당하지 못하고 끼기각 신음을 내며 뒷걸음을 치다가 그만 벌러덩 뒤로 나자빠졌다. 언제나 나 보란 듯 가게 앞을 지키며 당당하게 서 있더니 거센 물살에 몸을 맡긴 채 기어이 훠이훠이 내 곁을 떠나간다.

설상가상이었다. 안전지대인 줄 알았던 우리 집에 아킬레스건처럼 번갯불이 뻗쳤다. 집배원이 법원에서 날아온 소장을 들고 와서 사인을 하라고 했다. 설마 내 보금자리가 회사의 디딤돌이 되어있는 줄 상상도 못 했다. 손쓸 사이도 없이 갑자기 몰아닥친 보증재단이라는 거대한 황토물이

대문 앞에 넘실거렸다. 둑이 침수되지 않기 위해서는 가물막이를 설치해야 하는데 자재가 턱없이 부족했다. 더군다나 공사 전문가에게 여쭤보니 공사하기에는 이미 늦었다는 것이다. 하지만 두 눈을 뻔히 뜨고 저수지가 쓸려가게 바라볼 수가 없었다. 둑이 터지면 저수지 안에서 세상모르게 헤엄치고 놀던 물고기들은 어떻게 될까.

어느새 무릎까지 철렁거리는 물살에 발자국 옮기기도 힘이 들었다. 신발을 벗어던졌다. 머리에 구멍이라도 낼 듯 내리꽂히는 비를 정수리로 받으며 필사적으로 간판을 따라갔다. 손에 잡힐 것 같던 간판이 차도까지 떠내려갔다. 걷잡을 수 없이 불어난 빗물은 하수구로 꾸역꾸역 들어가는가 싶더니 분수처럼 솟구쳐 올랐다. 도로를 가득 메우고 경적을 울리는 자동차와 행인들이 섞여 순식간에 도로는 아수라장이다. 다행히 간판이 역류하는 물 때문에 멈춰 섰다.

터줏대감처럼 지켜온 정든 이곳을 떠나 어디 가서 몸을 뉠까. 체면과 남의 이목이 머릿속에 둥둥 떠다녔다. 남편을 원망만 하고 앉아있을 만큼 한가하지 않았다. 홀로 호미가 되어 법원을 드나들었다. 변호사라는 중장비 앞에 호미는 불 보듯 뻔한 승산 없는 싸움이었다. 지푸라기라도 잡는 심정으로 그 집은 30여 년 내가 일궈 온 노력의 대가라고 호소했다. 맨손으로 몸부림치는 나를 안타깝게 지켜본 검사가 국선 변호사라는 가물막이를 선임하도록 선처해 주셨다. 1년여 만에 가까스로 물길은 막았다. 그러나 수마가 할퀴고 간 폐해는 금방 아물지 않았다.

모든 것을 부숴버릴 것 같던 소나기는 언제 그랬냐는 듯 뚝 그쳤다. 빗물을 삼켜버린 하수구 주변과 도로에는 뱉어놓은 부유물만 즐비했다. 어디서 떠돌다 흘러온 것인지 신발 한쪽 덩그러니 남아있다. 살이 부러져 뒤집어진 우산, 누구네 아이가 신나게 걷어찼을 찢어진 축구공, 주인 잃은 장난감도 널브러져 있었다. 쓸려가지 않으려 바닥에 버티고 서서 안간힘을 쓰던 간판을 끌어다 놓았다. 떠내려가며 이리저리 부딪혀 찌그러지고 흙탕물 뒤집어쓴 간판을 세워서 마른걸레로 닦았다. 틈새 고여 있던 뜨거운 빗물 한줄기 서럽게 주르륵 흐른다.

한 차례 국지성 소나기 지나가고 나니 마른하늘에 무지개가 아련하다.

# 꽃이 지고서야

어수선하다. 책상 위에는 넘기던 책을 엎어놓았고 반쯤 남은 커피잔과 부채가 흐트러져 있다. 동작이 정지된 채 유리창만 뚫어져라 보고 있다. 천근만근 늘어지던 몸에 으스스 소름이 돋는다. '이 경장이 꽃상여를 탔노라.' 소식을 듣고서다. 소식을 전한 동료의 목소리도 잠겨있다. 앞산의 단풍이 참 곱다던 그의 나지막한 음성이 환청으로 들려온다.

햇살이 눈부신 봄날이었다. 경찰 제복을 입고 그가 조용히 가게 문을 열었다. 우리 마을 치안센터에 근무한다며 증명사진을 찍으러 온 것이다. 짙은 눈썹 아래 움푹 파인 눈자위가 그늘져 보였다. 사진이 완성되자 그는 사진에서 눈을 떼지 못했다. 살아서 다시 사진을 찍을 수 있음에 신께 감사한다고 했다. 간암을 앓다가 어렵사리 여성의 간을 이식받았다고 했다. 어쩐지 유난히 얼굴이 치자 빛으로 보인다 했더니.

그날 이후 그는 짬짬이 가게에 들렀다. 눈에 보이는 모두가 감사하고 하루하루가 소중하다고 했다. 남의 장기로 생명을 얻은 만큼 새 삶은 항상 의미 있게 살고 싶다고 했다. 그러면서 여자 혼자 있으면 강도의 표적이 된다며 '경찰관 집중단속 업소'란 스티커를 붙여주고 비상벨도 달아주었다. 올 때마다 빈손으로 오는 적이 없었다. 과일이 들려있을 때도 있었고, 볼펜을 일부러 놓고 갈 때도 있었다. 월요일이면 복권을 몇 장씩 사서 사람들에게 나눠주기도 하는 정성을 보였다. 천 원짜리지만 일주일동안 희망을 품으면 즐거울 거라고. 한 번도 당첨되지는 않았지만 그는 그렇게라도 사람들에게 조그만 의미라도 주려는 마음이었다.

그는 사소한 이야기도 조곤조곤 속삭이듯 했다. 나와 많은 대화를 나누고 싶어 했지만, 대화라는 것이 서로 공통 관심사가 있어야 오래 지속되는 것이다. 더구나 수시로 드나드는 손님과 친구들 때문에 그것도 여의치 않았다. 누구에게도 부담을 주지 않겠다는 그는 내가 부담스러워한다는 생각이 들었는지 차츰 발길이 뜸해졌다.

잠시 잊고 있던 그에게서 전화가 왔다.

"앞산 단풍이 참 곱습니다."

"요즘 어디 근무하세요. 건강은 어떠세요?"

건강이 좋지 않아 휴가를 내서 가창 어느 산 아래 공기 좋은 곳에 쉬고 있다고 했다. 가까이 맑은 물이 흐르고 경치가 좋아 주변을 거닐며 지낸다고 하면서 시간이 나면 놀러오라는 말도 잊지 않았다.

언젠가 그의 소소한 정성이 감사해서 저녁 대접을 한 적이 있었다. 그는 음식이 나왔는데도 왠지 수저를 들지 않았다. 그러다가 7시가 되니 기도를 하고 식사를 했다. 식사 시간을 지키려는 노력인 것 같았다. 그날 노래방에도 가고 싶다고 했다. 그는 7080 노래에 맞춰 어깨를 들썩이며 개다리

춤도 추고 트위스트도 열심히 흔들어댔다. 그 모습은 조금 전 밥상을 받고 초시계를 재던 환자가 아니었다. 영락없이 학창 시절 까불거리던 청소년 같았다. 잘한다는 내 손뼉에 신바람이 더해서 둘이는 한참을 웃었다.

그런 그가 왜 재발이 되었을까. 경찰 업무가 그토록 과중힌가. 환자가 감당하기엔 너무 벅찼을 수도 있다. 성격상 아무하고나 흉허물 없이 지내기도 쉽지 않았을 터, 스트레스 또한 오죽 많았으랴. 새로 얻은 삶을 보람 있게 살려고 노력하는 모습이 보였다. 그로 인해 무심히 사는 내가 건강의 소중함을 느끼게 했었다. 남의 생명까지 잇지 못하고 겨울이 끝날 무렵 그가 믿던 하느님 품으로 가셨나 보다.

주변에 강도사건이 있어 왔다가 소식을 전해준 동료의 말에 가슴이 먹먹해진다. 지금까지 내 가게에서 별일이 없었던 것은 그의 관심 때문이었는지도 모른다.

'그때 좀 더 이야기를 들어주고 산 아래 요양할 때 한 번이라도 가볼 걸, 혼자 얼마나 외롭게 병마와 싸웠을까.'

'단풍은 지고 삭풍 부는 밤, 홀로 남겨진 듯한 두려움에

문풍지처럼 떨지는 않았을까.'

'풀 이불을 덮고 누운 지금은 몸이 편안하신지, 그곳은 이승처럼 경찰이 필요 없는지.'

그의 자리에 잔디는 제대로 뿌리를 내렸을까. 그가 원한 것은 그저 따뜻한 말 한마디였을 텐데. 꽃이 지고서야 봄이었음을 깨닫는 나의 아둔함이라니.

유리창에 붙어 있는 '경찰관 집중순찰 업소'란 스티커가 그의 얼굴과 오버랩 된다.

# 계단

어둑새벽에 아파트 계단 가장자리에 발이 걸렸다. 헬스장이 보일러 점검으로 7시부터 온수가 나오지 않는다기에 전에 없이 서둘렀는가 보다. 몸보다 마음이 앞서다 보니 두 계단을 내리뛰었고 추풍에 낙엽 구르듯 몇 바퀴나 굴렀다. 가방에서 빠져나온 물건들도 같이 널브러졌다. 죽어가고 있는 것은 아닌지 정신이 아득했다. 바닥의 찬 기운에 겨우 몸을 일으켜 물건들을 수습했다.

우리 집은 지은 지 30년 된 아파트다. 엘리베이터는 물론 센서 등도 없다. 계단의 전깃불도 1층에서 켜고 꺼야 한다. 무슨 일이 있어도 새벽마다 운동하러 집을 나서는 나로서는 4층에서부터 심 봉사처럼 발더듬이에 촉수를 밝혀야 한다. 센서로 불이 들어오도록 해달라고 몇 번이나 민원을 넣었지만 관리실에서는 곧 교체할 것이라 약속만 할 뿐 지켜지지 않았다. 계단에 불은 왜 꺼 두었느냐며, 애꿎은 경비 아저씨만 원망하며 헬스장을 포기하고 집으로 들어갔다.

얼굴이 쓰리고 어깨도 욱신거린다. 이젠 눈도 어둡고 몸도 민첩하지 못하다는 생각에 서러운 눈물이 볼을 타고 흘러내렸다. 통증으로 보면 마치 얼굴 한쪽이 다 날아간 듯했다. 이런 고물 아파트에 사는 내 신세가 한없이 처량했다. 밖에서 마누라가 벼락을 맞았는지도 모른 채 남편은 자고 있는 모양이다. 부아가 치밀어 올랐다. 모든 게 미련곰탱이 같은 남편 탓인 것 같아 찬물이라도 한 바가지 퍼붓고 싶었다. 무작정 집에서 벗어나고 싶은 생각뿐이다. 그제야 거울을 보니 다행히 얼굴 광대뼈 쪽이 약간 벗겨지고 상처는 크지 않았다. 찜질이나 할까 해서 수영장으로 발걸음을 돌렸다.

앞산을 끼고 도는 순환도로에 안개가 자욱하다. 단풍 고운 산기슭이 운무와 버무려져 수묵화를 그린다. 여명에 하늘 높은 줄 모르게 솟아있는 궁전 같은 아파트 꼭대기에는 찬란한 네온이 별처럼 반짝인다. 내 기분은 안개만큼 가라앉고 시야는 흐릿하다. 어둠 속에도 앞산 정상 쪽으로 향하는 계단에는 사람들이 분주하게 오르내리는 모습들이 보인다.

수영장에는 아침 일찍 운동하러 온 사람들로 붐볐다. 찜질만 하려던 마음을 바꾸고 물속으로 들어갔다. 기초반에서는 킥보드를 잡고 발차기와 물에 뜨는 연습을 열심히 하고 있다. 킥보드가 뒤집혀서 퍼덕거리던 한 아주머니가 물을 마셨는지 꺽꺽거린다. 보고 있자니 언제 울었냐는 듯 웃음이 난다. 연수반에서는 차례로 일사불란하게 물속에서 돌고래처럼 튀어 오르는 접영을 하고 있다. 그들 속에 낯익은 얼굴이 보여 살펴보니 전에 같이 수영을 배우던 김 여사다.

기초반부터 같이 배웠는데 지독히도 늦었다. 자세도 안

되고 속력도 늘지 않았다. 앞서가던 나를 늘 부러워했다. 남보다 뒤쳐져 자존심도 상하고 재미가 없다며 그 모든 것이 강사가 제대로 못 가르친 탓이라며 애꿎게 원망을 했다. 운동 신경이 둔한 것이지 다른 부분에서 못하는 것은 아니지 않느냐고 위로 아닌 위로도 했었다. 스트레스 받을 때마다 금방이라도 때려치울 것처럼 입버릇처럼 말하던 김 여사가 장족의 발전을 했나 보다. 언제 나를 봤는지 김 여사가 손을 흔든다. 엄지손가락을 치켜들었더니 좋아라 한다.

자유라인에서 나도 같이 따라 해 본다. 금방 숨이 가빠지고 팔이 뻣뻣해진다. 오랜만의 운동이라 그런지 마음은 나비인데 몸이 돌덩이다. 아무려면 꾸준히 운동을 계속한 저들보다 한참을 쉬었던 내가 못하는 게 당연한 것이 아닐까. 신체적 조건, 장비, 운동량에 따라 다소 차이가 있겠지만, 모든 운동은 단계를 거쳐 정석으로 배워야만 제대로 할 수 있는 법이다. 세계적인 선수들도 탄탄한 기초 위에 피나는 노력을 해 정상에 올랐듯이.

노력한 만큼의 대가를 얻는 것이 세상의 이치다. 고속 엘리베이터가 딸린 고급 아파트에 사는 사람들과 서민 아파트에 살고 있는 지금의 내 모습은 결국 그 노력의 결과물이다. 지금까지 현실에 안주하며 살아왔으면 그만큼이 나의 몫이다. 남들이 아파트 청약을 위해 뛰어다니는 것도 관심 밖이었다. 가진 돈도 없이 무리하게 신경 쓰며 아등바등 살아가는 것이 싫었고 넓은 집에 사는 것이 꼭 행복한 것만 아니라고 우기지 않았던가. 그만하길 다행이지, 굴러 떨어져서 팔이나 다리가 부러졌다면 어찌할 뻔했는가.

지하 수영장에서 1층으로 오르는 계단에 어느새 햇살이 들어 눈부시다. 이른 아침 수묵화를 그리면서 혼곤하던 운무는 흔적이 없다. 앞산 정수리를 불태우던 단풍이 산허리로 흘러내린다. 산골짝을 훑어오는 화한 바람 한 올 젖은 머리카락을 어루만진다. 갈바람이 한쪽 구석에 세워놓은 내 애마 위에 은행잎을 소복이 덮어놓았다. 차가 움직이자 근심처럼 내려앉았던 노란 은행잎이 화르르 날아간다.

# 그 남자의 집

동네 주민센터 옆에 공원 겸 놀이터이다. 큰 은행나무와 소나무 아래는 작은 꽃나무가 심어져 있고 사이사이로 운동기구가 놓여있다. 주변에는 키 낮은 주택들 사이에 오피스텔 한 동 덧니같이 불거져 있다. 아직 이른 시간이어서인지 운동 나온 사람들은 보이지 않고 어젯밤 잔해만 여기저기 흩어져 있다. 그네에 걸터앉았다. 미끄럼틀 사이로 맞은편 벤치에 이상한 물체가 희미하게 보인다.

소름이 돋았다. 놀라서 그네에서 몸을 빼내려는데 작은

미동이 느껴졌다. 속옷 차림의 남자가 누워있다. 납작한 가방을 베개로 하고 다리는 의자에 걸쳐놓고 하늘을 향해 안방인 듯 누워 자고 있다. 벤치 아래에는 구두가 가지런히 놓여있고 바지를 반으로 접어 커튼처럼 등받이에 걸쳐놓았다. 티셔츠는 옷걸이에 쫙 펴서 작은 소나무 가지에 반듯하게 걸어 놓았다.

집이 어딘데 밖에서 잘까. 가족은 있는가. 저녁은 먹었을까 술이 많이 취했는가?

그렇다면 저렇게 가지런하지는 않을 터인데. 옷걸이는 또 어디서 났을까. 직장에서 회식을 하고 집으로 들어가는 길에 무언가 생각이 나서 잠시 벤치에 앉았다가 잠이 들었을까. 지금 아마도 꿈을 꾸고 있겠지. 어젯밤 술자리에서 사건들이나 아니면 어떤 프로젝트에 관한 것들. 꼬리를 무는 궁금증에 나는 남자의 집을 그려본다.

남자는 오피스텔 5층에 산다. 현관으로 들어서니 집은 그다지 넓지 않다. 한눈에 내부가 훤히 보인다. 입구 좌측에 신발장이 있다. 집 내부보다 신발장이 제법 크다. 신발장을 열어본다. 모두 남자 구두이고 여자 신발은 하나도 없다. 앞으로 나란히 보는 구두코가 반짝인다. 아래 칸에는 등산화, 운동화가 꺼내기 손쉬운 장소에 있다. 기다란 칸에는 우산이 꽂혀있다. 신발장 안쪽 고리에 구두주걱이 걸려있다.

탁 트인 실내 입구 맞은편에 벽걸이 티브이가 걸려있다. 티브이 옆에는 작은 난蘭 화분이 싱싱하다. 물을 한 모금 마시고 나머지 컵에 담긴 물은 식물에게도 주는가 보다. 작은 소파 바로 옆이 주방이다. 싱크대 위에 미니 전기밥솥이 얹혀있다. 과일주스를 갈아 마시는지 믹서도 보인다. 동그란 식탁은 차 테이블같이 앙증스럽다. 식탁 위에 노트북이 있다. 식탁에서 바로 티브이가 보인다. 식탁에 리모컨이 있는 것으로 보아 식사를 하면서 채널을 돌려 보는가 보다.

냉장고 문짝에 메모지가 붙어있다. 달걀, 우유 써놓은 것을 보니 시장 볼 품목을 적어 놓았나 보다. 냉장고 문을 열어보았다. 반찬통이 크기별로 층층이 쌓여있다. 주스, 매실, 맥주도 두 병 있다. 먹다 남은 소주도 한 병 있다. 냉동실에는 포장육이 두 개 있고, 개봉된 포장만두를 지퍼백에 넣어 놓았다. 냉동실이 거의 텅 빈 상태다.

목욕탕에 들어갔다. 변기 위쪽에 장식장이 붙어있다. 투명한 문안에 사각으로 접은 타월이 빼곡하다. 욕조는 없고 벽에 샤워기만 걸렸다. 뚜껑 덮인 칫솔 하나 거울에 매미처럼 붙었다. 컵 안에 면도기가 있고 비누통에는 비누 뚜껑을 열어 놓았다. 퉁퉁 불어나지 않기 위해서리라. 세탁기는 보이지 않고 수건걸이에 양말이 걸려있다.

안방을 들여다보았다. 안방 벽지가 시원스럽다. 연두색 바탕에 키가 큰 고동색 소나무와 키 작은 초록색 소나무가 어깨를 기대고 물결처럼 흘러간다. 숲속에 온 듯하다. 붙박이장이 한쪽 벽면을 차지했다. 심플하다. 장롱 문을 여니 양복, 와이셔츠, 티셔츠가 색상별로 걸려있고 바지는 거꾸로 매달아 놓았다. 한쪽 장롱에는 모자, 여행용 가방 잡화류가 키순으로 나란하다. 창 쪽으로 침대가 놓여있다. 몸부림을 치면 바닥으로 굴러 떨어질 것 같은 싱글 침대다. 하얀색 침대커버가 벽지 색상과 잘 어울린다. 연둣빛 커튼을 젖히고 창문을 연다. 빼곡한 주택 사이로 작은 공원이 보인다.

현관에는 슬리퍼가 곧바로 신을 수 있도록 문을 향해 가지런히 놓였다. 무슨 남자가 갑갑하게 그렇게도 깔끔한 체

할까. 그 남자는 습관이 굳어져 고주망태가 되어서도 무의식적으로 세수하고 옷을 빨아 탁탁 털어 널고 자야만 하는가 보다. 어쩌면 마음 한구석에는 순간순간 벗어나고 싶을지도 모르지. 하지만 그림자처럼 따라다니는 강박관념이 아닐까. 어젯밤 뻥 뚫린 공간에서의 잠자리는 편했을까. 마음속의 가족사진 한 장 걸어두고 현관을 나왔다.

햇살이 나뭇가지로 퍼졌다. 청명한 하늘에는 솜털구름이 뭉게뭉게 피었다. 소슬바람이 불자 은행 알이 후드득 내 머리 위로 떨어졌다. 깜짝 놀라 흔들리는 그네에서 그만 엉덩이를 떼었다. 남자는 이제 뒤통수가 보이도록 모로 웅크리고 누워있다. 찬 기운이 느껴졌는지 두 발도 포개져 있다.

나는 솜털구름 한 아름 따다가 남자의 가슴에 포근히 덮어주었다.

# 유구무언有口無言

인기척이 났나 보다. 무료하게 발가락을 물어뜯던 강아지가 벌떡 일어나 꼬리를 흔든다. 곧이어 출입문이 열렸다.

"어서 오세요."

오랜 세월 습관처럼 입에 붙은 말이 튀어나왔다. 직업적인 나와는 달리, 강아지는 꼬리가 떨어져라 흔들며 숫제 발라당 드러누워 자전거 페달 밟듯 발짓을 한다. 그런데 반갑다고 꼬리칠 때는 언제고 손님이 나갈 때는 목이 터져라 짖어댄다. 그런 강아지의 행동에 의아해하는 사람들을 위해 제 딴에는 가지 말라는 뜻이라고 보충 설명을 해드려야 한다.

중년쯤으로 보이는 차림새가 후줄근한 여인이 가게로 들어왔다. 손에 물건이 들려있는 것으로 보아 손님은 아닌가 보다. 그녀는 내게 메모지와 네모난 통을 불쑥 내밀었다. 다른 한 손에는 노트도 들려있다. 언어장애인이다. '아이가 아파 심장 수술을 해야 한다. 성의껏 도와주십사.'라는 동정을 유발하는 글을 구구절절이 써놓았다. 노트에는 누가 얼마를 냈다는 명단까지 적혀있다. 코팅지와 노트에 손때가 묻어 너덜거리는 것으로 보아 한두 해 들고 다닌 것이 아닌 모양이다.

사람이 드나들기 쉬운 가게다 보니 별사람이 다 다녀간다. 손님도 있지만, 외판원이나 잡상인들도 많이 찾아온다. 평소 노인이나 장애인이 화장지, 수세미 같은 생필품을 가져오면 가격에 비해 품질이 조금 떨어져도 되도록 사주는 편이다. 거기다가 요즘은 외국인 학생들도 물건을 팔러 다닌다. 액세서리 같은 본국의 물건을 가져와서 겨우 알아들을 한국말로 학비를 마련해야 한다며 좀 도와달라고 한다. 고국을 떠나 낯선 곳에서 공부하러 온 어린 학생들의 애절한 눈빛을 보고 나면 외면하기도 참 어렵다.

언젠가 스님 한 분이 와서 시주하라고 한 적이 있었다.

"예수를 믿습니다."

내 말이 채 끝나기도 전에

'왜, 예수가 돈 주지 말라고 하더냐.'며 입에 담지 못할 욕지거리를 하며 폭행까지 할 태세였다. 얼굴과 눈까지 시뻘겋게 충혈되어 있었다. 순간적으로 일어난 일이라 황망히 밖으로 뛰쳐나왔었다. 옆을 스쳐가는데 술 냄새가 진동을 했다. 스님 행세를 하며 돈을 뜯어내는 양아치 인 듯했다. 그 후로는 사지육신 멀쩡한 사람이 돈을 얻으러 오면 거부반응이 먼저 일어났다. 볼펜 한 자루라도 들고 와서 사 달라고 하면 그나마 떳떳할 수 있다. 스님을 가장해서 시주를 강요하고 노인을 돕는다며 찬조를 하라고도 했다. 어떤 사람은 장애인을 돕는다며 거두어 가고서는 자신들이 착복하는 경우도 허다했다.

여인은 내가 돈을 주지 않자 그대로 버티고 서 있다. 자꾸만 코팅지에 쓰인 글을 손으로 짚어가며 도와 달라고 잉잉거렸다. 나는 수화를 못 하니 그냥 없다는 뜻으로 손사래만 치고 티브이에 눈을 고정한 채 관심조차 보이지 않았다. 몸이 온전하지 못한 사람도 자신의 능력대로 열심히 일하면서 살아간다. 말을 못 한다고 해서 일까지 못 할 이유는 없다.

그 상황을 강아지가 지켜봤다. 강아지는 같이 놀자고 꼬리를 흔들며 발을 들고 재주를 부렸다. 여인은 돈을 얻어가는 것이 목적이었지 강아지하고 놀 마음은 전혀 없어 보였다. 더 기다려도 도무지 내가 줄 것 같지 않았던지 돌아서서 나가려는데 강아지가 멍멍 짖으며 달려들었다.

"엄마야~!!"

여인이 철퍼덕 주저앉았다가 용수철처럼 튀어 올랐다. 간 떨어지겠다며 소리를 버럭 지르고는 '걸음아 날 살려라' 고 줄행랑을 쳤다. 입안에서는 '아이고! 죄송합니다.'라는 말이 맴돌았을 뿐, 나는 꿀 먹은 벙어리가 되었다. 이런 기적이 있나! 개 짖는 소리에 말문이 트이다니 심청이 아버지가 놀랄 일이었다.

쓴웃음이 났다. 혼비백산해서 도망가는 여인의 뒷모습이 서글프다. 기껏 천 원짜리 한 장 주면서 오만생색을 내는 사람이 있는가 하면, 얻으러 왔다고 거지 취급 않지를 않나. 말을 안 하니 듣지도 못할 줄 알고 구시렁대는 사람도 많지 않았을까. 그렇지만 입을 꾹 다물고 머리를 조아리며 애원하는 것은 목구멍이 포도청이라서일까. 무의식적으로 내뱉은 '엄마야'란 말이 귓전을 맴돈다.

# 사시斜視

벌써 몇 번째인가. 이번에는 할머니 한 분이 머리에 작은 상자를 이고 오신다. 또 무엇을 가져와서 사 달라는 것일까. 가게 문을 열기가 무섭게 하루에도 몇 명씩 도와 달라는 잡상인이 다녀가곤 한다. 할머니가 어쩐지 낯이 익다 했더니 건넛마을에 사는 분이시다. 불쑥 내미는 상자에 포도가 한 가득이다.

달포 전이었다. 장애인 봉사단체에서 주관하는 행사에

참여해 보지 않겠느냐는 제안이 들어왔다. 좋은 취지이기도 하지만, 지인인 회장의 의견에 거절하기 힘들어 동참하기로 했다. 내 역할은 인생 졸업식에 필요한 영정사진을 촬영해 드리는 것이었다. 뚜렷하게 남을 위해 봉사한 적이 없는데 막상 승낙하고 보니 걱정이 앞섰다. 그것도 지체장애인이라 더했다. 관할 구내에 거주하는 고령자 중 가정형편이 어려운 50여 분을 우선 선정했다고 한다.

그날이었다. 처서가 지났는데도 열기가 식지 않아 선풍기와 에어컨을 가동했다. 할아버지에게 입을 양복과 할머니 한복도 미리 준비했다. 색조 화장품도 갖추어 놓았다. 기왕이면 마지막 모습을 곱게 남겨 드리고 싶은 마음에서다.

한쪽 팔이 없는 사람, 목발에 의지한 사람, 겉모습은 정상인 같은 장애인 등 여러 부류다. 한 분씩 옷을 갈아입혀 드렸다. 할머니들은 화장을 시키고 드라이기로 머리 손질해서 사진을 찍었다. '김매랴 우는 아이 젖 주랴' 정신이 없다. 그 경황에도 장차 국회의원 출마한다며 멋지게 찍어달라고 너스레를 떠는 할아버지는 좌중을 웃음바다로 만든다. 시집올 때 분 바르고 처음 화장한다는 분도 계신다. 거동이 많이 불편한 분은 옷 갈아입히는 데도 여간 힘든 게 아니었다.

막 끝날 무렵에 유난히 반짝이는 안경을 쓰고 가슬가슬한 깨끼 치마저고리를 입은 할머니 한 분이 들어오신다. 장사하러 갔다가 늦게 연락을 받으셨다 한다. 언젠가 가게 앞에 떨어진 선전용 전단과 명함을 주워 가신 분이었다.

"어디 쓰시게요?" 하고 물으니 백 장을 모아 가면 동사무소에서 쓰레기봉투를 준다고 했다.

청춘에 혼자되신 분으로 멸치, 김, 오징어 등 건어물을 집집이 다니며 행상으로 자식을 키웠고 거기다가 손자까지 떠맡고 계셨다. 아들이 사고로 다쳐 생활능력이 없으니 며느리는 자식도 버리고 집을 나갔다 한다. 집 나간 며느리 원망도 하지 않았다. 모두가 당신 죄가 크기 때문이라고 했다. 어렵게 살면서도 밝은 모습이었다.

사진이 완성되었다. 어르신들의 마지막 가는 길에 조금이나마 보탬이 되었다는 사실이 뿌듯했다. 돈 받고 사랑도 받는다더니 총무라는 분이 봉투를 내민다. 구청 복지과에서 예산이 나왔다며 실비라도 받으라 한다. 생각지도 않았던 돈까지 생기니 기분이 더 좋았다. 그런데 계산서를 훨씬 부

풀려 적어달라고 하는 게 아닌가. 순간 망치로 한 대 얻어 맞은 기분이었다.

포도를 가져오신 분은 깨끼한복을 입고 늦게 오신 그 할머니다. 선물 들어온 포도가 많아서 나눠 먹으려고 한단다. 상자째로 갖고 오신 것을 보면 돈을 들여 사 온 모양이다. 사진이 마음에 든다고 하시며 여러 사람을 공짜로 찍어주어 손해가 크겠다고 걱정까지 한다. 괜스레 가슴이 뭉클하고 실비라도 받은 것을 알까 봐 도리어 부끄러웠다.

할머니의 외양은 장애인으로 보이지 않는다. 긍정적인 사고에 어려운 사람의 입장을 헤아리는 따뜻한 가슴을 지녔고 감사할 줄도 아신다. 세상을 바라보는 눈도 누구보다 맑고 밝다. 그런데 안타깝게도 카메라 렌즈 속에 비친 할머니의 눈目이 사시斜視였다. 내가 한 일은 사진 속에 한쪽으로 몰린 할머니의 포도알같이 까만 눈동자를 바르게 그려 넣어 드린 것뿐이다.

장애인이라면 무슨 외계인이나 되는 양 편협된 마음을 가지고 바라보곤 했었다. 그동안 남을 위해 봉사한 것이 뚜렷이 없는 나는 장애인을 위해 봉사할 수 있다는 것에 영웅심리 같은 것이 솟아났었다. 나야말로 온전한 육신에 마음의 장애가 아닌지. 석양을 향하여 사뿐히 걸어가는 할머니의 뒷모습이 참 아름답다.

# 전대纏帶

누리끼리한 색이 당신의 낯빛과 닮았다. 쓰러질 듯 들어선 어머니의 품에서 툭 떨어진 것은 낡아 너덜거리는 전대이다. 까맣게 잊었던 물건이다. 철렁 내려앉는 가슴을 간신히 쓸어안으며 어머니를 바라보는 내 눈에 경련이 인다.

얼굴도 익히기 전 아버지는 병환으로 일찍 우리 곁을 떠나셨다. 어머니께 남은 것이라고는 지독한 가난과 올망졸망한 삼 남매뿐이었다. 삼단 같은 머리에 단아한 자태가 학처럼 고운 스물여섯 살의 청상은 슬퍼할 겨를마저 없었다. 말간 눈망울로 바라보는 자식들을 굶기지 말아야 한다는 생각뿐, 이제 더는 여자가 아니었다.

일가친척 없는 집안에 도움의 손길은 어디에도 없었다. 생각다 못한 어머니가 친정으로 발걸음을 옮겼다. 형제 많은 애옥살이에 초췌한 얼굴로 말없이 눈물만 흘리는 딸을 보다 못해 외할아버지께서 곡식을 팔아 약간의 종잣돈을 마련해 주셨다.

바깥세상을 잘 모르던 어머니가 처음으로 물건을 하러 대구에 갔다. 흥정을 끝내고 계산을 하려는데 돈이 감쪽같이 사라져버린 사실을 알았다. 환장할 노릇에 애꿎게 하늘만 원망하였다. 휘청거리며 빈 몸으로 다시 집에 돌아온 어머니의 눈은 퉁퉁 부어있었다. 단칸방에 주저앉아 땅이 꺼질 듯 한숨을 쉬었다. 가끔씩 고개를 젖혀 천장을 쳐다보다가 어깨를 심하게 들썩였다. 절간 같은 집안에 고요를 깨는 건 쥐들뿐이었다. 먹이를 찾는 쥐들이 찍찍대며 천장이 무너져라 우르르 뛰어다녔다.

한참을 맥없이 앉아있던 어머니가 벌떡 일어나셨다. 그

리고는 애지중지하던 치맛자락을 자르고 네모나게 오려서 바느질을 했다. 흔들리는 호롱불 아래서 눈물과 한숨으로 밤새도록 만든 것이 바로 전대였다. 시골장터나 노전 장꾼들이 허리에 바짝 동여매여 온갖 악다구니를 받아내는 그것을 곱디고운 새댁의 가슴에 정조대처럼 채웠다. 허리에 묶는 전대를 어머니는 가슴에 매어 배 쪽으로 처지게 했다. 봉곳한 어머니의 젖가슴 자리를 전대가 차지하였다. 잠을 잘 때나 풀어놓을까, 허한 가슴은 언제나 전대로 동여매어져 있었다.

어머니가 물건을 하러 대구에 다녀온 날이면 맛난 음식이 보따리에 담겨있었다. 그곳이 궁금했다. 초등학교 겨울방학 어느 날, 어머니를 따라 남동생과 꿈에 그리던 도시를 가게 되었다. 신기한 물건들이 빼곡한 대구 큰 시장에는 없는 것이 없었다. 어머니가 필요한 물건들을 이것저것 골라서 보자기에 담았다. 두툼하던 전대가 점점 홀쭉해지자 어머니의 일은 끝이 났다. 그제야 어머니를 따라 제비 새끼처럼 노점露店의 나무의자에 앉았다. 시커먼 솥에서 끓고 있는 어묵과 파마머리같이 꼬불꼬불한 라면을 먹었다. 처음 먹어 보는 라면 맛은 국수에 비할 바가 아니었다. 대구는 참으로 별천지였다.

집으로 가기 위해 시내버스를 탔다. 어머니는 아이 둘을 버스에 밀어 넣고 보따리를 번쩍 들어 올렸다. 그러자 차장이 보따리를 밖으로 휙 밀어내었다. 사람도 다 못 태우는 만원 버스에 짐은 천덕꾸러기였다. 차는 부릉부릉 움직이는데 어머니는 보이지 않았다.

'엄마가 타야 해 엄마와 떨어지면 나는 집에 가는 길을 모른다고.' 정신없이 발을 동동 구르며 사람들 틈을 비집고 밖을 내다보았다. 순간 잽싸게 차장을 밀치고 어머니가 버스에 올라타셨다. 버스 손잡이에 매달려 보따리가 땅에 질질 끌려도 악착같이 손에서 놓지를 않자 뒤따르던 아저씨가 거들어 준 것 같았다.

안도의 한숨과 함께 내 얼굴이 화끈 달아올랐다. 순간이나마 부끄럽다는 생각이 스쳤나 보다. 그러나 새색시 같은 어머니는 이골이 났는지 콧잔등에 물기가 촉촉할 뿐 별다른 표정이 없었다. 버스 기사가 정거장마다 곡예운전을 해서 차가 뒤척일 때 어머니는 '단디 잡아래이.' 하셨다. 시루에 콩나물 한 움큼 솎아낸들 빼곡히 들어찬 콩나물이 쓰러질 리 없을 텐데 말이다.

해가 뉘엿뉘엿 서산을 향하고 있었다. 차창 밖으로 검은 도시는 가뭇없이 사라져 갔다. 바꿔 탄 시외버스는 한산해서인지 손도 발도 시리게 했다. '이제 다시는 대구에 가지 않으리라.' '커서 차장이 된다면 절대로 보따리를 밀어내지 않으리라. 빨리 돈을 벌어서 어머니가 장사를 그만두게 할 것이다.' 뿌연 차창의 성에는 닦고 닦아도 하염없이 줄줄 흘러내렸다.

삼 남매가 제짝을 찾아가고 나서야 어머니의 가슴은 자유를 얻었다. 어머니가 왜 풀어놓았던 전대를 다시 가슴에 두르셨을까. 나를 시집보낼 때 이불 한 채만 해준 것을 두고두고 걸려 하시더니, 아마도 당신이 아버지 곁으로 갈 채비를 하면서 마음의 짐을 덜고 싶었나 보다.

전대 속에는 세종대왕의 초상화가 나란하다. 어머니의 인생처럼 꼬깃꼬깃 구겨진 지폐를 수백 개나 펴느라 잠을 못 주무셨던지 수저를 놓자 금방 코를 골고 주무신다. 세월의 풍상과 삶의 질곡이 고스란히 묻은 전대. 그것은 어머니에게 남편을 대신한 정신적 지주였고 떼려야 뗄 수 없는 자식과도 같은 존재이며 어머니의 분신이다.

어머니의 머리맡에 놓인 색바랜 전대가 챔피언 벨트처럼 빛난다.

# 그대 아직도 꿈꾸고 있는가

따스한 봄볕이 창으로 스며든다. 시래깃국에 밥 한술 말아먹고 일찌감치 가게로 나왔다. 컴퓨터 앞에 앉아 하루 일과를 준비하다 보니 탁상 달력에 별표가 그려져 있다. '이런! 미역국이라도 끓여 먹을 걸.' 갑자기 스산한 바람 한 줄기 가슴팍으로 후벼든다.

문을 여는 소리에 엷은 졸음 뿌리친다. 꿈인지 생시인지 난데없이 꽃이 배달되었다. 쉰 송이의 장미다. "당신이 곁에 있어 행복하다"는 짧은 메모도 붙어 있다. 대체 누굴까? 혹시 친구들이 놀리려고 장난을 친 것은 아닐까, 아니면 서럽도록 터져버린 밤 벚꽃을 보러 앞산으로 가자던 그 선생님일까, 그도 아니라면 곰국이나 한 그릇 하자던 느끼한 그 영감탱일까? 남편은 결혼 후 지금까지 한 번도 내 생일을 챙겨준 적이 없었고, 그런 분위기와는 전혀 거리가 먼 양반 아닌가.

어쨌든 꽃을 받아 보니 기분이 참 묘하다. 두려우면서도 설레기까지 하니 말이다. 시쳇말로 요즘은 애인이 없으면 6급 장애라는 말까지 있지 않은가. 문득, 나를 흠모하는 누군가가 멀찍이 숨어서 지켜보고 있을지도 모른다는 생각이 들었다. 어느새 거울 속에는 장미꽃보다 더 붉은 미소를 띠며 꽃을 든 여인이 옷매무새를 다듬고 서 있었다.

퇴근길에 통닭 한 마리와 맥주를 샀다. '연분홍 치마가 봄바람에 휘날리더라~~' 흥얼흥얼 콧노래를 부르며 집 안으로 들어섰다.

"뭐 안 왔더냐?"

먼저 들어온 남편이 이렇다 할 반응이 없는 나를 보고 툭

던지는 말이다. 제 딴에는 무슨 장한 일이라도 한 것처럼 의기양양이다.

이게 무슨 개 풀 뜯어 먹는 소리인고.

"그럼 그렇지, 내 복에 무슨!"

뿌지직 쪽박 깨지는 소리가 귓전을 때린다.

"쓸데없이 그딴 것은 왜 사냐? 그냥 돈으로 주지."

그러게 여태 안 하던 짓을 새삼스럽게 왜 하는가 말이다.

하루도 못 넘기고 나의 장밋빛 환상은 일장춘몽이 되고 말았다. 하긴 '여자 나이 마흔이면 눈먼 새도 안 돌아본다.'는 옛말도 있지 않은가. 하물며 쉰 소녀라니! 허탈한 마음에 부엌 바닥에 퍼질고 앉아 입이 미어져라 닭다리를 물어뜯었다. 맥주도 벌컥벌컥 들이켜면서.

# TV가 놓인 자리

해 뜰 무렵 집을 나와서 이슥할 때까지 머무는 내 작은 공간이 있다. 여덟 평 남짓한 스튜디오에는 생활에 불편 없도록 소소한 물건들이 각자의 자리를 지키고 있다. 한쪽 벽면에는 진열대 위에 TV가 놓여있다. 진종일 전원이 켜진 상태로 보아 시청視聽 여부와 상관없이 공간에 사람이 존재한다는 걸 말해준다.

TV가 귀하던 시절, TV가 있는 집은 부러움의 대상이었다. 어스름 어둠이 내리면 마을 사람들이 일손을 멈추고 TV가 있는 집으로 속속 모여들었다. 드라마 여로나 수사 반장, 민족의 한恨을 박치기 한 방에 날려버렸던 레슬링 같은 재미있고 인기 있는 볼거리에는 자리싸움이 치열했다. 뒤편에서 화면이 보이지 않아 서럽게 우는 아이도 있고, 자리 빼앗길까 봐 오줌 참느라 바들바들 떠는 아이도 있었다. 다들 그저 소리만 들어도 행복해하기도 했었다. 드라마를 현실로 알고 그에 따라 울고 웃었다.

요즘은 각 가정에도 작은 영화관을 방불케 하는 대형모니터에 자동차에도 내비게이션을 설치하고 휴대전화로도 TV를 시청할 수 있는 시대에 살고 있다. 이제는 어딜 가나 정보화의 산물들로 넘쳐나는 세상이고 보니 예전의 귀하신 대접은 그야말로 옛말이 되어 버렸다. 절친한 친구 같은 TV는 십여 년 전, 꽤 큰 비용을 들여 지인이 선물한 것으로 그림자처럼 나와 하루를 함께한다. 종일 저 혼자 떠들 때도 있지만, 세상 돌아가는 정보도 얻는다. 때로는 잠시 스튜디오 문을 열어놓은 채 자리를 비워도 멀리 가진 않았거니 생각하며 손님들이 TV를 보며 나를 기다려 준다. 무인경비 역할도 해주고 어진 지어미처럼 자기 역할을 성실히 해낸다.

지금은 디지털 시대다. 아날로그에서 디지털로 바뀌면서 사진 작업 방법도 바뀌어 모든 작업을 컴퓨터에 의존한다. 4차원의 세계가 펼쳐지는 PC는 사진작업은 물론이요, 정보와 문답, 대화 방, 각종 오락 등 호기심을 불러일으키기에 충분하다. 중독성이 있는 오락은 교묘한 방법으로 사람의 마음을 끌어들인다. 게다가 사이버 머니까지 오가면 승부욕이 발동한다. 게임에서 돈을 잃으면 날밤을 새우기 일쑤이고 기분이 나빠서 손님이 와도 귀찮아진다. 말은 귓등으로 흘리고 정신마저 산만해져 약속한 것을 제때 지키지 못할 때가 다반사다. 시간이 흐를수록 유익한 것보다 부질없는 놀이에 더 치중하게 되어 감정까지 피폐해지는 것 같았다.

컴퓨터의 순기능보다 역기능의 달콤함에 빠져버린 걸 깨달았다. 그때서야 환락의 유혹을 뿌리치고 4차원의 세계에서 빠져나올 수 있었다.

뒷전으로 밀쳐놓았던 TV를 켰다. 한동안 소실小室을 보고 온 곱지 않은 서방 대하듯 TV는 냉담했다. 용불용설用不用說이라던가. 어르고 달래도 작동이 잘 되지 않았다. 서비스를 부르니 너무 오래된 제품이라 부품이 없다기에 고장 난 TV를 들어내었다.

TV가 놓였던 주변의 벽지는 시커멓게 그을려 있었다. 오랜 세월 사람들에게 즐거움을 주기 위해 제 한 몸 뜨겁게 달궈가니 그 주변마저 태워졌는가 보다. 새 벽지를 바르려니 주변 것과 맞지 않았다. 찌든 때를 제거한다는 약품을 뿌리고 걸레로 닦아보았다. 그래도 세월만큼 깊이 밴 흔적은 좀처럼 지워지질 않았다. 할 수 없이 그 자리에 장미꽃 화분을 얹어 놓았다. 며칠 지나지 않아 햇볕이 들지 않아서인지 시들어버렸다. 그 자리에 다시 단풍사진 액자를 걸어봤지만 아무래도 허전하고 어색했다.

저마다의 역할 속에, 같은 일을 해도 남보다 몇 곱절 하는 사람이 있는가 하면 제 몫도 못 하는 사람이 있다. 많은 사람 중에서도 중심이 되는 사람, 썰렁하던 자리도 그 사람이 있으면 화기애애하고 웃음꽃이 피는 사람, 그냥 곁에만 있어도 든든하게 의지가 되는 사람, 그 사람이 있으면 전부가 있고 그 사람이 없으면 아무도 없는 듯한 일당백一當百인

존재. 숲속에서는 숲의 소중함을 모르듯이 있을 때는 느끼지 못한 것들이 내 곁을 떠났을 때에야 빈자리가 태산같이 다가오는 사람처럼.

TV가 있던 자리니만큼 TV 말고는 다른 어떤 것도 그 자리를 대신할 수 없었다. 부재不在로 인해 터득한 미련함을 '있을 때 잘해'라는 유행어 한 구절이 대신한다.

# 때

여름휴가에 바닷가 펜션에서 이틀 밤을 자게 되었다. 고사포해수욕장은 넓은 백사장에 해안가에는 울창한 송림이 어우러져 있다. 그 안에 다양한 편의시설이 갖춰진 오토캠핑장이 있어 야영지로 적격이다. 이동식 소형 아파트 같은 캠핑카와 카라반이 마치 아파트 대단지처럼 군락을 이루고 있다. 한쪽에는 크고 작은 텐트가 줄지어 자리 잡고 있다. 솔숲 아름드리 소나무에 해먹을 걸어놓고 오수를 즐기기도 하고 바다가 들려주는 파도 소리에 따뜻한 가족애를 느끼며 추억과 낭만을 쌓기도 한다.

육지에서 느끼지 못한 갯벌체험을 하기로 했다. 간조시기에 조개를 잡자고 한다. 수평을 이루며 해안까지 들어찼던 바닷물이 물때가 되어 서서히 빠지면서 모래밭에 고운 결을 만들어 놓았다. 비우면서 무늬로 자신의 흔적을 남기는 갯벌의 풍경, 자연의 섭리가 경이롭다.

캠핑 애호가인 전라도 조카사위가 양동이, 호미, 삽, 갈퀴, 헤드랜턴, 조개잡이에 필요한 장비들을 준비해 놓았다. 언니는 자식이래야 한 명뿐인 딸이 전라도 총각과 결혼한다니 걱정이 앞섰다. 경상도와 전라도는 왠지 멀게 느껴졌었다. 그러나 서운한 마음은 기우였다. 나주 배처럼 연하고 싹싹한 사위는 정말이지 아들 하나를 더 얻은 듯했다. 조카사위는 처이모, 처삼촌 가족까지도 살뜰히 챙겨서 휴가 때면 으레 동참한다. 서해안에 살고 있는 언니네 사돈어른과 조카의 시누이 가족까지 합류를 했다.

오후 2시부터 간조인데 더위를 피해 해거름에 나서기로

했다. 한여름이라도 밤바다는 바람이 차다. 바다 한가운데 들어가면 쉽게 나오기도 어려워 준비를 완벽하게 해야 한다. 해루질에 능한 사돈어른은 가슴까지 오는 장화를 신었다. 노련한 어부가 물고기의 길목을 아는 것처럼, 언니네 사돈어른은 오랜 경험으로 해산물의 서식지와 환경을 읽고 있다. 사업을 하면서도 짬짬이 전복, 해삼을 잡으며 여가를 즐기신다. 해삼은 물속에 있어 위험하고 우리 눈에 잘 띄지도 않는다며 우리는 초보가 쉽게 잡을 수 있는 떡조개를 잡으라 하셨다.

숨구멍을 찾는다. 8자를 눕혀놓은 듯 길쭉하게 쪽 째진 것이 조개 숨구멍이다. 숨구멍 아래를 한 뼘 반 정도 파 내려가면 떡조개가 살고 있다. 구멍을 좁게 파면 옆의 모래가 흘러내려 폭 넓게 파야 한다. 호미로 파자니 속도가 나지 않았다. 차츰 요령이 생겨서 방법을 바꿨다. 나는 숨구멍을 찾고 형부는 삽으로 뜨는 협동을 했다. 삽질 백 번보다 포클레인 한 번이 낫듯 호미로 끄적대는 것보다 삽으로 푹 뜨니 하얀 조개가 쏙 딸려 나왔다. 처음 경험해본 조개잡이는 시간 가는 줄 몰랐다. 양동이 반을 채우고 있는데 조카사위가 물 들어올 때가 되어가니 그만 잡고 가자고 했다. 뽀얀 조개가 쏙쏙 나오는 것이 재미있어 멈추질 못하고 형부와 남아서 조금만 더 잡기로 했다.

어둠이 내리자 밤바다는 암흑이었다. 얼마나 시간이 흘렀는지 헤드랜턴 불빛이 희미해졌다. 허리를 펴고 보니 어디가 어디인지 방향감각이 없다. 일행을 소리쳐 불렀지만 소리는 어둠에 묻혀버렸다. 넓디넓은 수평의 바다는 거리 가늠이 되지 않는다. 헤드랜턴을 한 사람들과 뭍의 불빛 구분이 되지 않았다. 불안이 밀물처럼 밀려왔다. 바닷물은 서서히 빠지고 일시에 밀려온다고 했다. 물이 빠진 바닥은 고르지가 않고 웅덩이도 있어 물이 차오르면 헤어 나오기가 어렵다는 주의를 미리 들었었다. 곧 파도가 덮칠 것 같았다. 어슴푸레 실루엣이 보이는 저쪽, 아마도 저곳이 육지인 듯했다. 깜빡이는 불빛을 따라 정신없이 밤바다를 빠져나왔다. 손에는 떡조개 가득 찬 양동이가 들려진 채로.

바닷물이 차츰 자기 자리를 찾아들고 있다. 가득 채웠다가 때가 되면 다시 미련 없이 비워내는 바다를 본다. '범사에 때가 있다'는 성서의 말씀처럼, 사람도 들고 날 때, 내가 있어야 할 자리와 가치에 따라 한 발 물러설 줄 아는 지혜를 배우라고 물때가 나직이 말해준다. 떡조개도 입을 달싹거린다. 어차피 다 먹지도 못할 것을 무겁게 낑낑대며 들고 오냐고 우매한 인간에게 일갈한다.

# 3부 댄서의 순정

# 댄서의 순정

콩닥콩닥 약속 시각이 다 되어간다. 자칫하면 늦을 수도 있겠다. 조금 늦는 것이야 뭐 차가 밀렸다고 할 수도 있으니! 마음은 하마 그곳으로 달려간다.

휘황찬란한 불빛이 눈앞을 수놓는다. 광란의 도가니다. 현란하게 돌아가는 사이키 조명에 형형색색의 얼굴들이 찢어질 듯 내지르는 음악에 몸부림친다. 사방으로 쏘아대던 레이저 불빛이 숨을 죽이고, 무대가 서서히 어둠에 휩싸이

자 열광하던 무리가 객석으로 스며든다.

희미한 불빛 아래, 밀착된 두 그림자가 흐느적이는 음악에 따라서 휘청인다. 달콤하고 짜릿한 왈츠 음률에 한 쌍의 무희舞姬는 사뿐 나비가 되어 구름 위로 올랐다가 피겨요정이 되어 은반 위를 물밀 듯이 밀고 간다. 순간, 휘늘어진 버들가지처럼 젖혀진 허리, 출렁이는 머리칼이 플로어를 쓸고 간다. 무아의 경지에서 절정으로 치달은 무희의 얼굴이 환희로 빛난다.

며칠 전, 옆집에 사는 친구 따라 춤 선생이 운영하는 스탠드바에 갔었다. 낮에는 춤을 가르치고 밤에는 술집을 하니 교습생이 드나든다. 한 번이라도 더 선생과 손을 잡기 위해 담배도 사다 주고 술도 팔아주고 때로는 선물도 갖다 바쳤다.

그날도 아이를 데려가서 지쳐 자는 아이는 소파에 눕혀 놓았다가 아이를 둘러업고 집으로 가려는 중이었다. 아마도 그 자리에 있었던지 뒤를 따라오던 남자분이 차를 태워주겠노라 했다. 그러잖아도 밤늦은 시각이라 걱정이 되던 참이었다.

그는 춤을 배우는 우리들에게는 동경의 대상이었다. 일명 3M이었다. 매너manner 좋고, 흔치 않은 외제차를 타니 당연히 머니money도 있겠고, 음악을 좋아하니 무드mood도 있을 것이다. 춤은 선생하고만 잡으면 늘지 않는다면서, 이 바닥이 험한 곳이니 주의하라는 말도 덧붙여 주었다. 집을 멀찌감치 두고서 차에서 내리려는데 모월 모시에 클럽 신천지에서 만나자고 했다.

"맛있는 과자도 사 먹고 정엽이랑 조금만 놀고 있어라, 엄마가 금방 갔다 올게."

앙다문 입, 새쭉하게 내리깐 딸의 눈에서 눈물이 쪼르르 흘렀다. 오만 감언이설에도 요지부동, 고개를 잘래잘래 흔드는 걸 보니 아무래도 제 엄마를 절대 놓아주지 않을 표정이었다.

"요놈의 가시나가 엄마 말을 이렇게 안 들어서 우째 키우겠노. 네가 엄마 말을 안 듣고 고집을 피워서 도저히 못 살겠다. 이제 너는 아빠하고만 살아라."

이성을 잃은 듯 이번엔 초강수로 회유와 협박을 하며 아이의 머리를 쥐어박았다. 아이의 울음소리가 자지러지고 설움에 북받친 말이 쏟아졌다.

"정엽이와 응응 놀면 정헌이 오빠가 응응 때린단 말이야! 도망가려면 저금통장하고 의료보험카드는 놔두고 가란 말이야!"

천신만고 끝에 클럽 신천지에 도착하니 분위기가 무르익었다. 금박을 수놓은 하얀 재킷을 입고 엉덩이를 들썩이며 전자 오르간을 두드리는 무대 악사가 신들린 무당이요, 어깨춤이 거센 풍랑을 만난 듯 요동을 친다. 헐떡거리는 가슴을 진정시키며 기둥 뒤에서 그 남자를 찾았다.

3M 그는 이미 다른 여자와 바닥보다 조금 높은 VIP석 푹신한 소파를 차지하고 있었다. 약속 시각이 얼추 한 시간이 지났으니 바람맞았다고 생각했겠지. 나는 친구와 한쪽 구석 자리에 앉아 맥주를 마시려는데 웨이터가 부킹을 제의한다. 못 이긴 척 일어서면서도 VIP석이 자꾸 눈에 들어왔다. 그는 주변을 살펴보기라도 하건만 야속하게도 양주만 홀짝거

리고 있었다.

낯선 남자의 손을 잡으니 공부하지 않고 시험문제 받아든 수험생처럼 앞이 캄캄했다. 상대방도 테크닉이 단조롭고 리드를 제대로 못 하는 걸 보니 초보를 겨우 면한 것 같았다. 앞으로 가라는 건지 턴을 하라는 건지, 어깨를 툭툭 치면서 자꾸 돌리기만 하니 현기증이 났다. 춤 선생과 연습할 때는 제법 잘한다고 생각했었는데 서툰 춤에 질질 끌려다니는 모양새다. 그러다 보니 남자 품에 안겨서도 마음은 양주 테이블에 가 있다. 한편으론 꾀죄죄하게 눈물 바람이 되어 인형을 안고 잠들어 있을 딸아이 생각에, 남자의 발을 밟아 하마터면 같이 넘어질 뻔도 했다. 다시 흐르는 블루스곡에 한 곡만 더 하자는 남자를 뿌리치고 자리로 돌아왔다.

김빠진 맥주 한 잔 들이켜는데 친구가 손바닥으로 얼굴을 가리며 사색이 되어 들어왔다. 저쪽에 시숙이 있다며 나를 끌고 화장실로 들어갔다.

오, 하늘이시여! 어떻게 빠져나갈지 호시탐탐 밖을 엿보며 숨어있었다. 얼마나 시간이 흘렀을까, 이름도 성도 모르는 3M, 그 남자를 두고 도둑고양이처럼 클럽 신천지를 빠져 나왔다.

등 뒤에서는 '이름도 몰라요 성도 몰라, 춤추는 댄서의 순정 그대는 몰라, 그대는 몰라, 울어라 색소폰아…….' 쥐어짜는 무대 가수의 절규가 뒤따라왔다.

바깥공기가 차다. 쌩, 찬바람 한 줄기 내 뺨을 때린다.

# 갈고리

언니는 지금 부재중이다. '곧 갈게' 하고는 차일피일 미루다가 시간을 내서 갔더니 항상 훤히 열려있던 언니네 집 현관문이 굳게 잠겨있다.

딸 결혼식을 앞두고 언니는 걱정이 태산이었다. 군에서 휴가 나온 아들을 사고로 가슴에 묻은 후, 하나 남은 딸에게 온 정성을 쏟았었다. 이제 그 딸마저 제짝을 찾아간다니 기쁘면서도 한편으로 떠나보냄이 서운한가 보다. 수시로 전화하는 목소리에 쇳소리가 묻어난다.

삼 남매 중 맏이인 언니는 온순하고 어질어 집안의 궂은 일을 도맡아 했다. 얼굴도 익히기 전 하늘나라로 가신 아버지를 대신해서 어머니가 포목장사를 시작했다. 그러자 살림은 겨우 여덟 살인 언니의 몫이 되었다. 어머니가 대구 큰 시장에 물건을 구입하러 갈 때는 교통이 좋지 않아 당일에 못 오실 때가 허다했다. 그럴 때면 가까운 친척도 없는 어린 삼 남매만 오롯이 밤을 지내야 했다.

뉘엿뉘엿 어둠이 내리면 우리 삼 남매는 동구 밖을 향해 눈을 떼지 못한다. 언제쯤 오시려나? 초조한 마음으로 막차를 기다리는 우리 앞에 야속한 버스는 먼지만 풀풀 날리며 휑 지나간다. 버스 꽁무니를 쳐다보던 동생이 '엄마 안 와여.' 하며 울기 시작한다.

"울지 마."

달래던 언니도 동생 울음에 따라 울고 만다.

"울긴 왜 우노!"

앙칼진 내 고함에 둘은 울음을 뚝 그친다. 곧 동생은 꾸륵꾸륵 잠이 들고 언니는 문고리에 갈고리를 채운다. 그날

밤, 겉으로는 날카롭게 모진 말을 해댔지만 내가 덮고 있는 이불은 삭풍에 우는 문풍지처럼 들썩인다.

다음 날 어머니는 시골에서는 구경도 못 하는 손바닥만 한 찹쌀떡이나 순대를 사 와서 사랑의 빈자리를 보상하신다. 단팥이 들어있는 보름달 같은 뽀얀 찹쌀떡은 지난밤 무서움과 외로움마저도 까맣게 잊게 하였다. 우리는 분가루가 묻은 입가를 서로 쳐다보며 마냥 깔깔거렸다.

어느 날 밤은 외할머니가 오셔서 문을 두드렸다. 휘황한 달빛이 스민 장지문에 쪽진 머리의 그림자가 문을 덜컹덜컹 밀고 당겼다. 그때는 "떡 하나 주면 안 잡아먹지!" 하는 『해님과 달님』 이야기를 동화가 아닌 사실이라고 믿던 때였다. 문을 열지 않자 걸걸한 목소리로 외손자 손녀 이름을 차례로 부르는데, 우리는 외할머니로 변신한 늑대라고 생각해 이불을 뒤집어쓰고 달달 떨었다. 한참을 무서움에 떨다가 어떻게 진짜 외할머니인 것을 알고 갈고리를 풀고 문을 열어준 것 같다. 콩닥대는 가슴을 쓸어내리던 삼 남매에게 그 순간 외할머니는 튼튼한 동아줄을 내려 주시는 하나님 같았다.

외할아버지는 갈고리가 쌀가마니를 들고 나르기 편리하다며 탐을 냈지만 언니는 할아버지가 오시면 얼른 감추어 버렸다. 그 갈고리는 아버지가 남긴 유품이고 호랑이나 늑대로부터 삼 남매의 목숨을 지켜주는 수호신 같은 자물쇠였다.

언니는 빨리 갈 테니 문 열고 들어가 있으라며 현관문 비밀번호를 알려주었다. 아무리 숫자를 입력해도 문이 열리지 않아 밖에 서성거리고 있었다. 황급히 올라오던 언니는 나를 보자 반가움이 미안함으로 바뀌는가 보다. 자리를 비우고 자동 번호키를 달아 놓은 것이 무슨 죄인이나 된 것처럼. 자기 가슴은 찢겨 누더기가 되어도 내색 한 번 없이 애써 참고 양로원 노인들을 위해 식사 준비와 목욕 봉사를 하는 언니다.

언니는 갈고리를 걸던 어린 시절 긴긴밤들이 가슴에 사무쳤고, 금방이라도 엄마를 부르며 들어올 것만 같은 아들 생각에 문을 잠그지 않았다. 그러나 돌아오지 않는 아들을 기다리던 마음에 병이 깊어졌다. 자식을 지키지 못한 부모의 고통과 참담함이 문을 닫아걸었나 보다. 잠근다는 것은 자신의 소중한 것을 지키려는 본능일지도 모른다.

자동문 숫자를 꾹꾹 누르는 투박한 언니의 손을 본다. 어릴 적 빨리 내일이 오길 기다리며, 두 동생을 사나운 짐승에 보호하려고 문고리에 갈고리를 걸던 그 고사리 손은 아니었다. 하지만 내 가슴이 먹먹하도록 노을 진 언니의 손은 섬섬옥수보다 더 귀하고 세상에서 가장 아름다운 손이다.

# 고양이

오늘따라 전봇대 위에서 까치가 자지러진다. 한참이나 악다구니를 쓰더니 속사포처럼 몸을 내리꽂는다. 전봇대 밑에서 음식물쓰레기를 뒤지는 고양이를 무차별로 쪼아댄다. 말쑥하게 차려입은 국립관현악단의 마에스트로 같은 까치의 본새치고는 무척이나 돌발 행동이다.

먹이 앞에서는 체통도 없나 보다. 고양이도 먹이를 놓지 않으려고 앞발을 치켜들고 달려든다. 그러나 나는 놈 앞에 밀림의 강호 족보도 역부족인 모양이다. 겁에 질려서인지 담벼락에 묶인 '서울댁 포장마차' 밑으로 숨어들더니 이내 다리를 절룩거리며 자리를 뜨고 만다.

가을이 끝나갈 무렵이었다. 스산한 골목에 뭉실뭉실 김이 피어올랐다. 남편의 사업 실패로 서울에서 이곳까지 내려왔다는 여자가 마트 옆에 포장마차를 차렸다. 우리는 여자를 서울댁이라 불렀다. 서울댁네 메뉴는 붕어빵과 어묵, 떡볶이였다.

장사를 처음 해보는 여자는 붕어빵 구우랴, 떡볶이 만들랴 늘 분주했다. 초라한 모습에 솜씨마저 서툴다 보니 얼마나 버틸까 염려가 되었다. 그런데 웬걸, 손님이 꽤나 많았다. 매운 어묵과 떡볶이가 맛있다는 입소문이 금방 퍼져나갔다. 노릇노릇하게 구워진 붕어빵이 빵틀에서 나오기 무섭게 연신 봉지에 담겨나갔고 어묵도 포장하기 바빴다.

한 달쯤 지나자 그녀는 일손이 달렸다. 저녁부터는 일용직 일을 마치고 온 그녀의 남편도 뒷일을 거들었다. 꼬챙이에 어묵을 끼우고 설거지도 도맡아 하는 등 양손에 물통도 거뜬하게 들고 날랐다. 저녁 늦게 일을 마칠 때쯤이면 앞치마의 주머니가 불룩해진 그녀를 보면 나도 덩달아 기분이 좋아졌다.

그러던 어느 날, 눈발이 펄펄 내리던 날이었다. 포장마차 건너편에서 분식집을 하던 아줌마가 갑자기 들이닥쳤다. 독이 잔뜩 올랐는지 "처음엔 매운 어묵을 한다는 말이 없더니 지금은 왜 하느냐"며 삿대질에다 고성까지 질렀다. 그리고는 떡볶이 판을 바닥에 엎어버렸다. 그러자, 떡판에서 쏟아져 내린 피 같은 국물들이 바닥에 흥건했고 줄을 그으며 하수구로 흘러 들어갔다.

서울댁의 얼굴이 새파랗게 질렸다. 눈바람에 굴러 들어온 파삭한 낙엽들과 쓰레기들이 구경꾼처럼 주변을 둘러싸고, 고운 얼굴과는 달리 불에 덴 흔적 때문인지 거뭇해진 손등으로 그녀는 연신 눈물을 훔쳐냈다. 그리고는 말없이 가스 불을 끄고는 어디론가 사라졌다.

서울댁이 포장마차를 처음 시작할 때 건너편 분식집 아줌마에게 양해를 구했다고 한다. 그런데 막상 포장마차가 잘되고 보니 속이 상했나 보다. 그래서 매운 어묵을 한다고 트집을 잡고, 구청에 노점상을 단속하라는 등 투서를 넣은 모양이다. 그러나 막상 단속직원이 나와 보니 차마 입이 떨어지지 않았다고 한다. 포장마차가 작고 초라한 데다, 생계가 달린 딱한 사정이라 서로 잘 의논해 보라는 말만 남기고 돌아갔다는 것이다.

어둠이 내릴 때쯤 포장마차에 그녀의 남편이 나타났다. 세찬 바람에 실린 굵은 눈발을 사정없이 맞고 있는 그의 왜소하고 깡마른 체격에는 추위가 두껍게 달라붙어 있었다. 그칠 줄 모르고 퍼붓는 눈발을 한참이나 맞고 서 있던 그가 주머니를 뒤지며 포장마차 앞에 쭈그리고 앉았다. 이내 담뱃불이 깜빡거리더니 긴 연기가 울분처럼 계속 뿜어져 나왔다.

이튿날 포장마차가 담벼락에 꽁꽁 묶여져 있었다. 전날 바닥에 널브러졌던 플라스틱 간장 그릇이며 쪽바가지 등이 말끔히 치워져 있었다. 밤새 그가 하나하나 주워서 양동이에 챙겨 담아갔는지도 모른다. 천막이 내려진 포장마차는 밧줄로 칭칭 감겨진 채 전봇대에 매어졌고, 그 날 이후 그들은 이곳을 떠나갔는지 단 한 번도 보이지 않았다.

고양이를 쫓아내고 먹이를 쪼아대던 까치가 다시 전봇대 위에 앉았다. 그리고는 마치 아무런 일도 없었다는 듯 느긋하게 주변을 둘러보며 중저음의 바리톤으로 "까악! 까악!" 하고 운다. 몸을 다치고 불편해진 마음으로 도망친 그 고양이는 지금 어디서 먹이를 구하고 있을까. 을씨년스러운 골목길의 빈 포장마차 위로 어서 빨리 따스한 아침 햇살이 내렸으면 좋겠다.

## 시루떡

한 해의 무사산행을 염원하는 산신제를 지낸다. 제사상의 중앙에는 돼지머리가 위엄 있는 가장家長처럼 턱 하니 자리 잡았다. 옆에는 제사상에서 빼놓을 수 없는 떡시루가 놓였고 앞쪽으로 갖가지 과일이 단란한 가족같이 옹기종기 모여 앉았다. 빙 둘러선 사람들이 차례로 향불에 술잔을 휘휘 돌리고 절을 한다. 돼지머리의 입과 귀, 콧구멍에 지폐가 가득하다. 내 시선은 자꾸만 떡시루를 더듬는다.

그날도 어머니는 새벽에 보따리를 쌌다. 소창 두 필, 내의, 버선 등을 주섬주섬 챙기는 걸 보니 어느 지방의 장날인 모양이다. 불그레 해가 감나무에 걸리자 언니도 책보자기를 싸서 학교에 가버렸다. 온기가 점점 식어가는 이불 속에 동생과 나는 목만 내놓고 옹송그리고 누워있었다.

얼마가 지났을까. 삽짝 밖에 수런거리는 소리가 들려 나가보니 어른들이 왔다갔다 분주했다. 그 틈에 앞집에 사는 친구 대철이가 보였다.

“어데 가노?”

“산에 묘사 지내러 간다.”

아버지 두루마기 자락을 잡고 골목 담 모퉁이를 돌아가는 대철이의 걸음걸이가 장군 같다.

정자나무 아래 동생과 웅크리고 앉았다. 휘휭 소슬바람이 불어 나뭇잎이 화르르 떨어졌다. 그때 건너편에서 얼굴도 안 보일 만큼 큰 함지박을 이고 누가 걸어오고 있었다. 도랑 건너에 사는 엄마 친구였다. 양지쪽에 힘없이 앉아있는 우리를 본 아줌마가 묘사 떡 준다며 산에 가자고 하셨다. 심심하던 차 동생과 엉겁결에 따라 나섰다.

사랫길을 지나 산이 가까워지자 곳곳에 묘사 지내러 온 사람들의 펄럭이는 두루마기가 마치 학이 날갯짓하는 것 같았다. 얼마나 더 갔을까, 깔끔하게 정리된 산소 앞에 밤, 대추, 떡 등 갖은 음식이 차려져 있고 사람들이 주변을 에워싸고 있었다. 어른 한 분이 문종이에 적힌 글을 읽고 나면 줄을 서 있던 사람들이 예를 갖춰 절을 했다. 뒷줄에 서 있던 아이들도 넙죽넙죽 따라 절을 했다. 묘사 지내는 것을 처음 보는 동생과 나는 그저 신기하면서도 모두가 일가친척인 것 같아 갑자기 부끄러운 생각이 들었다.

순서가 다 끝났는지 어른들은 음식과 약주를 드셨다. 대철이 아버지가 아이들에게는 시루떡을 나누어주고 동생과 나에게도 떡 한 덩어리를 주셨다. 손바닥에 떡을 들고 엉거주춤 서 있는 우리를 본 아줌마가 누런 종이에다 싸주며 먼저 집에 가라고 했다.

처음 가본 산속이라 신기한 게 많았다. 꿀밤도 줍고 솔방울도 주웠다 버리며 갖은 해찰을 했다. 집에 가서 엄마와 언니에게 자랑하고 떡을 나누어 먹을 생각에 발걸음이 가벼웠다. 싸늘한 바람이 불어 동생의 볼이 빨개졌지만, 떡 봉지를 잡은 내 손과 동생의 손은 따뜻했다.

한참을 오다 보니 구불구불 끊어질 듯 이어지던 길이 희미했다. 쓰러진 나무가 길을 막고 떨어진 낙엽이 허리를 감았다. 오던 길을 되돌아가 보았다. 그 길이 아니었다. 산에 올라갈 때 무서리에 시커멓게 변한 고추나무가 있던 밭도 보이지 않고 새파란 물이 찰랑거리던 저수지도 보이지 않았다. 가슴이 방망이질해댔다. 짐승 울음소리 같은 것이 귓전을 스쳤다. 그때 갑자기 숲속에서 푸드덕 꿩이 날아갔다. 화들짝 놀라서 나도 모르게 털썩 주저앉자 겁에 질린 동생이 울기 시작했다.

얼마를 헤맸을까. 컴컴해 보이던 길이 환해지고 저수지의 물빛이 허옇게 비치는 게 보였다. 아! 저수지. 저기만 가면 집을 찾아갈 수가 있다. 그때 어디선가 내 이름을 부르는 메아리가 들렸다. 언니가 우리를 찾으러 온 것이다.

집에 도착했을 때 온몸이 땀에 흠뻑 젖었다. 동생의 바짓가랑이가 축축하고 머리에는 솔가지가 붙어있고 신발에는 흙이 덕지덕지 묻었다. 그 와중에도 내 손에는 찢어진 떡

봉지가 꼬옥 쥐여있었다. 떡 봉지에는 뭉개진 떡이 조금밖에 남아있지 않았다. 그제야 다리도 아프고 배가 고팠다. 언니가 떡을 먹으라고 했다. 떡 부스러기를 한 입 먹는데 목이 콱 막혀 컥컥거렸다. 언니가 등을 두드려 주었다. 아프다는 핑계였지만 눈물이 마구 흘러내렸다.

길을 찾지 못했으면 산속에서 영영 집에 오지 못하고 늑대 밥이 되지 않았을까. 대철이 아버지가 금이빨이 보이도록 웃으며 대철이 데리고 가던 모습이 태산같이 다가왔다. 우리 아버지는 올망졸망 삼 남매가 당신 얼굴도 익히기도 전에 어떻게 눈을 감으셨을까. 아버지라는 이름 한 번 불러보기도 전에…….

깜빡 잠이 들었나 보다. 매캐한 연기에 잠을 깨보니 아궁이에 군불을 지피고 온 엄마가 낮에 있었던 일을 언니에게 전해 듣고 있었다. 자는 척하며 실눈을 떠보니 엄마가 말없이 눈물을 훔치고 계셨다. 그 후로 나는 한 번도 시루떡을 먹지 않았다.

그러고 보니 시루떡을 얻으려다 산길을 잃고 헤매던 내

가 지천명이 되도록 전국의 산을 종횡무진 쫓아다니고 있다. 산신제가 끝났나 보다. 참석한 사람들이 음식과 술잔을 나눈다. 나도 그들 틈에서 한 잔 받는다.

이른 봄, 오후 햇살에 노랗게 빛나는 시루떡 두 덩이도 봉지에 담는다.

# 내 주酒를 가까이 하려 함은

오늘도 남자가 약국 옆에서 짜놓은 걸레처럼 비틀어져 누워있다. 인기척이 나면 "돈 천 원만 도." 한다. 늘 고주망태가 되어 가족이 없는 할아버지려니 했었다. 얼마 전에는 아들 군대 간다며 가족사진을 찍으러 왔었다. 닮은 얼굴이지만 설마 그 사람일까 했다. 면전에서 맨 정신의 모습을 보니 머리 색상만 희다 뿐, 젊고 인물도 멀쩡했다. 아들도 잘났고 깡마른 아내는 핏기라곤 없어도 얼굴은 곱상했다. 그는 술이 원수인 사람이다.

여자들의 만남은 '차 한잔하자'는 말로 시작된다. 나는 언제부터인가 '술 한잔하자'로 바뀌었다. 자칭 애주가로 술 분위기를 즐긴다. 맥주 두 병 정도 마시면 알딸딸하니 기분이 천국이다. 술은 사람의 마음을 진솔하게 하는 마력이 있는지 술자리에는 가식이 없어지고 인간 냄새가 난다. 알코올 성분이 목구멍을 스르륵 타고 가면 온몸이 찌르르 녹작지근하고 유연해진다. 겹겹 무장했던 응어리진 속사정을 누군가에게 털어놓으면 마음에는 자유와 강 같은 평화가 넘친다.

작달비 내리는 오후, 재래시장 어귀에서 두둑두둑 쏟아지는 빗소리를 반주로 이글지글 빈대떡에 동동주가 제격이라. 몽환의 세계에 도취되어 부어라 마셔라 분위기가 거나해지면 잡다한 세상사에 찌든 인생도 짜릿하게 도는 취기만큼 활짝 펴진다. 뿐만 아니라, 술이란 놈은 없던 용기가 솟구치고 근심과 걱정까지 사라지게 한다. 또한 성긴 눈발이 분분한 퇴근길에 김이 서린 길거리 포장마차에서 꼼장어 안주에 소맥 폭탄 한 잔 터트리면 멜랑꼴리한 기분도 낭만으로 바꿔준다.

술은 어른에게 배우란 말이 있다. 어머니는 간간이 장사하고 오는 길에 돼지고기 반 근을 사 와서 두루치기를 하셨다. 양파, 매운 고추, 파 등을 넣고 얼큰하게 볶아서 밥반찬도 하며 소주를 한 잔 곁들였다. 물을 먹으면 회충이 생긴다며 우리에게도 술을 한 방울씩 마시라고 하셨다. 처음에는 쓰지만 가끔 마시니 뒷맛이 달짝지근했다. 어머니에게 한 잔의 술은 끊을 수 없는 부모와 자식 같은 관계였던가 보다.

지금 생각해 보면 지난한 삶을 잠시라도 잊게 하는 묘약이 아니었을까. 시장 바닥에서 터무니없이 가격을 깎자고 했거나 가져간 물건을 그대로 이고 와야 할 때, 위로받을 곳이라곤 술밖에 없었을 것이다. 어차피 장사는 망쳤고 제대로 챙겨 먹이지 못한 아이들 기름기라도 채워주고 싶은 마음으로 구렁이 알 같은 돈을 쓰지 않았을까. 거친 풍파에 삶의 무게가 버거워 멍에를 벗어버리고 싶을 때가 어디 한두 번이었을까. 아궁이에 군불 지피고 아랫목에 서서히 온기가 돌고 몸도 마음도 뜨거워질 때면, 한 잔 술에 세상 시름 잊고 동짓달 기나긴 밤 삭풍이 우는지도 모르고 고단을 풀었을 것이다.

언젠가 외할아버지가 우리 집 초가지붕 이엉 엮으러 오셨을 때 주머니에 술잔을 넣어오셨다. 그것을 본 어머니가 '꼬뿌 없어 술 못 마실까 봐 꼬뿌 들고 다니시냐.'며 타박을 하셨다. 당신도 술을 즐겨 드시면서. 그러던 어머니가 명절때나 친정에 갈 때 막걸리 여남은 병 사 가지고 가면, 가지런한 이빨을 드러내고 소녀처럼 웃음 짓는다. 부모는 자식의 거울이라고, 본 데로 배우니 어쩔 수 없이 자식은 부모의 모습도 닮고 술버릇도 닮아가나 보다.

술이 몸을 지배하면 무슨 아픈 사연이 그리도 많은지 눈물 콧물 쥐어짜며 우는 사람, 정신줄 놓은 사람처럼 히죽히죽 웃는 형, 노래하는 사람, 위아래도 모르고 옆 사람에 시비 걸어 눈에 뵈는 게 없는 장님 형, 끝난 술자리에서 먹다 남은 남의 잔까지 알뜰하게 비우고 오는 설거지 형, 평소에는 말 한마디 없다가 나름 논리 정연하게 따따부따 말이 많은 변사 형, 친구 중 한 명은 알람 형이다. 야심한 밤에 저장된 번호를 닥치는 대로 눌러 밤잠을 깨운다. 잠결에 전화를 받으면 '가시나야 어느 놈 전화 기다리느라 아직 안 자느냐.'고 따진다. 그래도 그런 친구가 좋다.

어쩌면 사람 좋은 사람이 자제력이 약해 많이 마신다. 자기관리 철저한 사람은 적당히 마셔 실수를 면하지만, 그저 주는 대로 넙죽넙죽 받아 마시다 보면 나중에는 자기가 부어 마시는 속된 말로 '지부지처'가 되고, 한 단계 지나면 병나발이다. 그러다 보면 저렇게 길거리에 누워서 구걸도 하고 폐인이 된다. 술을 지나치게 마시면 인사불성이 되어 인생의 쓴맛을 볼 수도 있지만, 술이란 어려운 거래를 성사시켜주며 힘든 삶을 잊게 하고 번뇌가 사라지는 묘약이니. 한 잔 술에 째지는 이 기분을 어이 막을쏘냐.

술 분위기에 습관이 되어 건배 제의를 했다. 그것도 문상간 자리에서. 아차, 종이컵이라 쨍한 소리가 나지 않아 다행이었지 망신당할 일이다. 모임 자리에서는 주류酒類에 분류되고 반찬보다 술이 냉장고에 꽉 차 있으면 부자인 듯하다.

취흥에 못 이겨 노랫가락이 흐르고 어깨가 꿈틀대니 아마도 조선 시대에 태어났더라면 '절창도 절색도 아니올시다.' 지만, 황진이가 운영하는 주점에 새끼 마담 자리가 있나 엿보지 않았을까.

어디선가 '엊저녁 술이 덜 깼는교?' 하는 환청이 들린다.

'막걸리 한 잔에 속을 지지면 어찌 이리도 기분이 좋으나.' 하던 천상병 시인이 생각나니 막걸리가 당긴다.

# 영양제

새벽에 전화벨이 울렸다.

"생일에는 미역국을 먹어야 인덕이 있다 캤다. 삼만 원을 부쳤으니 통닭이라도 사 먹어래이."

친정엄마는 딸의 생일을 잊지 않고 매년 하시던 그 말씀을 똑같이 하신다. 하나뿐인 우리 딸은 아직 잠 속인가. 엄마와 내가 나누는 얘기가 들릴 만도 한데 아무런 기척이 없어 내심 서운하다.

가게로 나왔다. 창으로 스며드는 봄볕이 따스하다. 하지만 내 가슴은 골다공증 환자라도 된 것 같다. '그래, 생일이 별건가.' 애써 나를 달래보려 해도 종일 일손은 잡히지 않는다. 평소에는 무덤덤하게 생각되는 내 나이가 오늘따라 더 서럽게 다가온다.

허전한 마음을 달래려 퇴근길에 좋아하는 통닭 한 마리와 맥주 한 병을 샀다. 집으로 들어서는 순간 난데없이 딸이 종합비타민을 안겨준다.

"이런 걸 뭐 하러 샀노?"

타박을 하면서도 어느새 내 입꼬리는 한껏 올라간다. 문득, 어릴 때 먹어 본 원기소라는 비타민제가 떠오른다. 노르스름한 빛깔이 토끼 똥처럼 생긴 알맹이다.

끼니를 때우기도 어렵던 그 시절에 쌀 반 말 값이나 되는 영양제를 따로 먹는다는 건 우리 집 처지로는 언감생심이었다. 그래도 엄마는 남동생에게만은 그 귀한 원기소를 꾸준히 먹였다. 집안의 대를 이을 아들의 몸이 허약해질까 봐 정성을 다했다. 어쩌다 동생에게 원기소를 한두 알 얻어먹으면 어찌나 고소했는지! 일찍 동생에게 뺏겨버린 엄마 젖맛이 이랬을까. 원기소 한 통만 먹으면 동생보다 키가 커질 것 같고, 노리짱한 내 얼굴이 박꽃처럼 뽀얗게 될 것 같았지만 그저 꿈이었다. 동생이 아침저녁으로 원기소를 뽀득뽀득 씹어 먹을 때마다 눈치 없이 보채는 내 목구멍을 하릴없이 침으로 달래곤 했다. 그럴 때면 어서 커서 내가 돈을 많이 벌어서 원 없이 원기소를 사 먹고 싶었다.

어른이 되어서도 가끔 원기소 생각이 났다. 언젠가는 허기진 추억을 달래보려고 약국에 갔다.

"그게 없어진 지가 언젠데요. 요즘 같으면 가축들에게나 먹일 성분이지요."

요즘도 그걸 찾는 사람이 있는가 하는 의아한 표정으로 약사는 오메가3와 종합비타민을 권했다. 하도 아쉬워 그것이라도 샀다. 한 알을 먹었더니 입안을 감돌았던 고소한 맛은커녕 씁쓸하기만 했다.

어릴 적 감기 고뿔이 심해서 약을 먹은 적이 있었다. 혓바닥에 올려놓고 물을 마셨는데 항생제가 목구멍에 딱 들러붙었다. 물을 한 바가지나 마셔도 약이 내려가지 않고 눈물과 콧물만 범벅이 되었다. 쓴 기억 때문이었을까 물로 넘기는 알약보다 더더욱 뽀득뽀득 씹어 먹는 원기소가 먹고 싶었다.

영양제를 선물한 딸의 정성이 기특하다. 값비싼 식품이 보약이라고들 하지만, 나이가 들어갈수록 따뜻한 사랑과 관심이 보약이라는 생각이 든다. '언제나 고운 미소와 젊음과 건강을 잃지 마세요.'라는 메모지를 보는 순간 이미 몸과 마음은 훨훨 날아갈 듯 가뿐하다.

갑자기 내 엄마가 그립다. 원기소는 아니더라도 내가 좋아하는 미나리 무침과 꽁치는 생일상에 꼭 올려주셨다. 그런 엄마에게 나는 아직도 영양제 한 통 못 사드렸다. 곧 다가올 당신의 생신에 무엇을 해드리면 좋아하실까, 목하 고민 중이다. 아마도 관심의 전화 한 통화만으로 기뻐하시지 않을까. 엄마가 보내준 돈으로 사온 튀김 닭이 원기소처럼 고소하다. 언제까지 내 생일을 챙겨 주실지! 한 잔의 맥주 탓이리라. 눈시울이 붉어지고 짜릿한 취기가 오른다.

# 칠복이

늘 시끌벅적한 집안이 오늘따라 절간 같다. 문 열기가 무섭게 가슴에 매달려 기습적으로 키스 세례를 퍼부었었다. 머리를 쓰다듬고 발라당 뒤집은 배를 어루만져야 슬그머니 꼬리를 내리는 녀석들이 보이지 않는다. 다들 어디로 간 것일까.

어느 해 오월 초 일요일 산에 가던 중이었다.

"이모, 오빠가 죽을 것 같아요."

언니 딸의 울먹이는 목소리에 황급히 병원으로 갔다. 제발 아니길 빌었지만, 간이침대 위에는 이미 흰 천이 길게 덮여 있었다. 시골에서 대구로 유학 온 조카가 대학을 휴학하고 군에 갔었다. 첫 휴가 나왔다며 '곧 찾아뵙겠다.'는 전화를 받은 것이 그저께였는데 심장마비라니. 연락을 받고 싸늘한 아들의 시신을 맞이한 언니는 졸도했다. 엄마 품이 아닌 객지에서 고통스럽게 죽어갔을 아들을 지키지 못한 언니는 평생 죄인이었다. 슬하에 남매를 둔 언니는 그렇게 외아들을 잃었다.

조카가 우리 집에 온 것은 딱 한 번이다. 도시에 사는 이모 집이 궁금했던지 초등학교 여름 방학 때 왔었다. 자장면도 사주고 닭 염통을 꿰서 만든 꼬치를 사줬다. 닭 꼬치가 입맛에 맞았던가 보다.

"우리 동네는 이런 것 없어요. 나 꼬치 백 개는 먹을 수 있어요."

적지 않게 먹었다 생각했는데 내가 사준 양이 부족했던가 보다. 다음에 오면 실컷 먹게 해야지 했는데 기회가 되지 않았다.

언니는 남편과 딸도 있고 믿는 종교도 있지만, 자식 잃은 상실감은 날이 갈수록 더했다. 세상을 버텨나가기 힘들어하는 고통을 보다 못해 그의 딸이 애완견을 분양 받아왔다. 6월에 암컷 한 마리 데려온 녀석이 유월이고 하나는 외로워 7월에 수컷 한 마리 더 데려온 게 칠복이다. 유월이는 눈치도 빠르고 영리한데 칠복이는 눈이 부리부리하고 멀뚱한 것이 매사에 굼뜨고 순둥이다. 그런 칠복이를 볼 때마다 죽은 조카를 보는 듯했다. 유월이보다 칠복이를 더 챙기는 언니도 내 마음 같다는 느낌이 들었다.

정 많은 언니가 그나마도 미치지 않고 온전한 정신으로 살아온 것은 독실한 믿음과 애완견이 한몫했지만, 세상을 다 준다 해도 자식과 견줄 수 있으랴! 자식을 잃은 심한 쇼크로 2년 만에 병이 났다. 검사 결과 갑상선암이라는 판명을 받았다. 꺽꺽거리며 울음을 울다가 삼키고 목울대를 얼마나 혹사했으면 그렇게 망가졌을까. 수술하려고 입원을 했다.

언니가 병원에 입원한 후에는 먹성 좋은 칠복이가 밥도 먹지 않고 그렇게 좋아하는 닭고기도 먹지 않았다. 죽은 듯이 누워만 있다가 언니가 퇴원 후에야 밥을 먹었다.

유월이가 어느 날 새끼를 세 마리나 낳았다. 새끼들을 보살피는 어미 정성이 지극했다. 혹시라도 새끼가 다칠세라 남편인 칠복이도 얼씬 못 하게 했다. 칠복이는 궁금했던지 새끼 근처에 어슬렁거렸다. 유월이가 위협 준다는 것이 눈을 콱 물었다. 칠복이가 그만 한쪽 눈을 실명했다. 애꾸눈인 칠복이는 언니와 형부의 가슴을 아리게 했다.

그런 칠복이가 어젯밤에 죽었다 한다. 저녁에 가족들이 시켜 먹고 남은 통닭을 먹다가 뼈다귀가 목에 걸렸나 보다. 먹성이 좋아 새벽녘이면 일어나서 밥 달라고 낑낑대던 칠복이가 기척이 없어 살펴보니 책상 밑에 칠복이와 유월이가 나란히 누워 있더란다. 주변은 어수선하고 칠복이는 이미 싸늘하게 식어있었다. 사람들은 기분 좋게 한 잔씩 먹고 세상모르게 자고 있을 동안 밤새 얼마나 끙끙 앓고 몸부림을 쳤을까.

칠복이가 죽자 언니는 넋이 빠진 듯했다. 앞날이 구만리 같은 아들 잃고 칠복이의 재롱이 큰 위안이 되었었다. 차라리 수명이 다해서 죽었다면 덜 애통할 것이다. 아들처럼 보살펴 온 칠복이를 집 뒤 텃밭에다 묻고 온 형부도 눈이 퉁퉁 부었다. 키우던 개의 죽음에도 저러한데 자식을 가슴에 묻고 무슨 정신으로 살았을까.

해마다 오월이 오면 언니는 더욱 초죽음이 된다. 언니는 또 칠복이를 가슴에 묻었다. 가슴 아픈 언니를 보는 내 가슴이 이토록 찢어지는데……. 하필이면 칠복이가 닭고기를 먹고 죽었다니.

"이모 닭 꼬치 백 개는 먹을 수 있어요." 하던 조카 말이 내 가슴을 후벼 파고 있다.

## 노안

티셔츠에 붙어있는 상표가 뒷목에 스치니 껄끄럽고 거북하다. 상표를 뜯어내려다가 그만 올을 그었다. 손톱에 걸린 스타킹처럼 올이 자르르 나갔다. 바늘을 찾아 실을 꿰려니 실이 바늘귀를 자꾸만 빗나간다. 끝을 살살 비벼도 보고 침을 발라 뾰족하게 해보고 눈을 부릅뜨기도 하고 잔뜩 찌푸려 실눈을 떠도 바늘귀가 어른거린다. 마치 귀 없는 바늘에 실을 꿰는 격이다. 하는 수 없이 수선을 맡기러 나선다.

얼마 전 백화점에서였다. 마네킹이 입고 있던 옷에 시선이 딱 멈춰졌다. 비단같이 부드러운 천에 목과 어깨 부분은 주름장식이 달린 것이 공주 옷 같았다. 딱 내 스타일이야! 그러나 만만찮은 가격에 슬며시 손을 놓았었다. 무슨 티셔츠가 저렇게 비싸지? 뒤돌아 나오면서도 머릿속은 온통 그 옷에 머문다. 마음에 드는 옷을 골랐는데 생각보다 가격이 비싸면 갈등이 생긴다. 머리가 바쁘게 굴러간다. 지난번 샀던 옷의 할부는 몇 개월 남았더라, 생각하다가 포기했었다.

내 마음을 읽기라도 한 듯 세일을 한다는 안내장이 날아왔다. 이게 웬 횡재냐 싶어 부리나케 달려갔다. 두리번거리며 마네킹을 둘러보니 그 옷은 보이지 않았다. 판매원에게 물어보니 내가 그렇게 탐내던 옷이 한쪽 구석에 후줄근하게 늘어져 있는 게 아닌가. 마네킹이 요염한 모습으로 입고 있을 때와 사뭇 다른 옷 같았다. 갑자기 사야 하나 말아야 하나 갈등이 생겼다. 그렇지만 눈을 의심할 정도로 가격이 내렸고 명품이라는 것에 마음이 홀렸다.

시장 봐온 반찬거리는 주방에 던져놓았다. 밥도 해야 하고 빨래도 걷어야 하고 할 일이 태산 같은데도 밀쳐둔다.

장롱 안을 홀딱 뒤집는다. 이 옷과 어울릴 옷을 찾느라 있는 대로 끄집어 내놓고 이것저것을 입어보며 거울 앞에 들락거린다. 방 안이 매미 허물 벗어 놓은 듯 옷가지가 널려 있다. 말없이 지켜보던 딸의 인상이 떨떠름하다. '너하고 같이 입으면 되겠지?' 딸이 키는 훌쩍 크지만, 상의는 체형이 비슷해서 옷을 살 때마다 핑계를 대곤 했다. 저가 입을 일이 별로 없다는 것을 딸은 이미 알고 있다. 딸 많은 집 어머니는 성한 팬티 입을 날 없다는 말이 있는데 나는 그렇지 않다. 옷장이 비좁도록 걸어놓은 내 옷과 신발장에 포개어 놓은 내 신발을 보고 남편이 내게 '멜다'라고 부른다. 필리핀 이멜다를 빗대어 하는 말이다.

수선하러 가는 중 아파트 골목에 화사하게 차려입고 스카프를 휘날리며 걸어오는 여자가 시선을 끌어당긴다. 흰색 상의에 꽃분홍색 미니스커트를 입은 여자다. 차림새는 분명 젊은 아가씨 같은데 걸음걸이가 아주 불편해 보인다. 가느다란 다리 사이는 굴렁쇠가 들어갈 만치 휘어진 데다 뾰족구두까지 신어 엉거주춤 걸어온다. 가까이 와서 보니 얼굴에 번데기처럼 주름이 자글자글했다. 입술에는 쥐 잡아먹은 듯 빨강 립스틱을 바른 나이가 많아 보이는 아주머니였다. 그 모습을 흘낏 보며 지나가던 아저씨의 끌끌 혀 차는 소리가 들린다.

갑자기 내 아래위를 훑어본다. 지금까지 내게 어울리는 옷은 공주풍이라 생각했다. 꽃무늬에 레이스가 달리거나 아기자기한 것, 치마는 주름이 많이 들어가서 풍성해 보이며 잘록한 허리 곡선을 강조하는 옷을 즐겨 입었다. 레깅스에 긴 상의가 그렇게 유행을 해도 그것은 똥배 나온 사람이 체형을 커버하는 옷이라며 내 스타일을 고집했었다. 내가 무슨 '비비안 리'나 되는 것처럼.

나이가 반백이 넘었는데 마냥 젊은 줄 알고 공주 모습을 하고 있었으니 남의 눈에는 어떻게 비쳤을까. 겉치레에 치중해서 나이에 맞지 않은 옷을 입은 내 안목이 부끄러워진다. 내 나이를 모르고, 가까운 나 자신을 보지 못하는 나를 본다. 자기중심을 잃지 않으면서 분수를 알면 꾸밈없이 소박하게 입어도 자연스레 멋이 묻어나거늘. 노안이 분명한가 보다, 마음의 돋보기가 필요할 때다. 수선집 아줌마가 묻지도 않은 말을 내가 한다.

"딸 옷인데 올 나간 것 표시 안 나게 잘 꿰매 주세요."

# 신 맹모新孟母

창밖에는 종일 보슬비가 내린다. 가게 앞, 유치원에 수업이 끝났나 보다. 현관에 옹기종기 모여 있던 아이들이 고사리손으로 추녀 끝에서 떨어지는 빗물을 받는다. 찻잔처럼 앙증스런 얼굴에 빗물이 튀기자 눈을 찡끗한다. 한 아이가 갑자기 빗속으로 뛰어들어 꽃 장화 신은 발을 첨벙거린다. 선생님이 막을 사이도 없이 기다렸다는 듯 너도나도 깔깔대며 어울린다.

색동미술학원, 승리태권도, 꾀꼬리음악학원, 천사발레학

원, 차붐축구교실 등 노란 학원차가 속속 마당으로 들어오고 있다. 학원 선생님들이 아이들 이름을 부르며 콩나물 솎듯 속속 차에 밀어 넣는다. 아이들은 못내 아쉬워 차창에 코가 찍 눌리게 얼굴 도장을 찍고 손을 흔든다. 집으로 가기까지 몇 곳을 거쳐 갈지 파김치가 된 아이들의 모습이 그려진다.

나 또한 예외가 아니었다. 딸 한 명이다 보니 욕심이 많았던지 피아노와 미술은 기본이고, 한때는 어렵사리 캠프워커에 거주하는 미군 가족에게 영어교육도 시켰다. 그럴 땐 우리 아이가 장차 하버드대학 가는 꿈을 꾸기도 했다. 초보엄마인 내게 선배엄마들의 정보는 맹목적이었다. 아이가 두 명인데 처녀 몸매를 유지한 옆집 원이 엄마는 그중 한 사람이다.

어느 날, 잠자리 날개 옷 같은 실크 블라우스에 큼직한 모란꽃 무늬의 플레어스커트를 차려입고 골목으로 나왔다. 아이와 놀고 있는 나를 보더니 심심하면 잠깐 자기랑 어딜 가보자고 했다. 도착한 곳은 차고를 개조한 춤 교습소였다.

몇몇 남녀가 잔잔한 음악에 맞춰 율동을 하는 것이 신비로웠다. 떡 본 김에 제사 지낸다나. 내 관심을 눈치챈 춤 선생이 내게 몸도 유연하고 음악을 탈 줄 알아서 빨리 배울 것 같다며 은근히 부추겼다.

며칠 후, 아침 밥상을 차리고 있었다. 티브이에서 흥겨운 음악이 흘러나왔다. 딸아이가 갑자기 음악에 맞춰 서울, 대전, 대구, 부산 찍고 팽그르~ 육 박자를 콕콕 찍으며 마치 태엽 감긴 인형처럼 팽글팽글 돌고 있었다. 때마침 남편이 씻고 욕실에서 나오고 있었다. 국그릇을 식탁에 올리려다 놀라서 국을 쏟고 아이 잡을 뻔했다. 무슨 방송이 아침 댓바람부터 뽕짝 타령이냐고. 다행히도 남편은 무딘 데다가 볼모로 딸까지 데리고 다니니 마누라가 춤 배운다는 의심은 추호도 없을 것이다. 시장바구니 보관소 맡기고 춤추러 온 여자는 봤지만, 정신 나간 여자 아니고서야 아이 업고 춤추러 가겠는가.

아이가 다섯 살 즈음이었다. 밖에 놀러나갔던 아이가 발

그래 상기된 얼굴로 숨을 할딱이며 뛰어왔다.

"엄마 빨리 이리 와 봐. 엄마, 요 아래 빤짝빤짝 카바레가 생겼어. 엄마 이제 효목동까지 안 가도 돼요."

콜럼버스가 마치 신대륙을 발견이라도 한 듯 기뻐서 어쩔 줄 모른다. 손을 끌고 가보사고 조르는 아이를 따라 밖에 나가보니 상가지하에 클럽 네온사인이 반짝이고 있었다. 우쭐해서 즐거워하는 아이의 모습을 누가 볼세라 얼른 집으로 들어왔다. 밤마다 제 딴에는 많이 시달렸는지, 바쁜 엄마가 멀리까지 자는 아이를 둘러업고 다니는 게 안타까운 효심인지 모를 일이다, 아니면 옆에서 지켜보던 제가 더 흥미가 있었던지, 집 아래 카바레가 생겼다고 손을 반짝반짝하며 그렇게 좋아라 할까.

아이가 대학생이 되고 제 방에 못 보던 물건들이 쌓였다. 컴퓨터, 미니 오디오 등 잡다한 물건들이 방을 메웠다. 나중에야 댄스 경연대회에서 대상 등 여러 상을 휩쓸어 받아온 물건인 것을 알았다. 딸의 적성을 모르고 대학 졸업하고 조신하게 결혼이나 했으면 하는 바람에 미대를 밀어붙였

었는데 끼가 따로 있었던가 보다. DNA 탓이라 할지, 현대판 '맹모삼천지교'라 할지 아리송하다. 어릴 적 춤판 뒷전에서 체험을 제대로 습득한 보람일까. 딸의 이력서에 뮤지컬 배우, 모 개그맨 겸 가수의 백댄서, 백화점 문화교실 댄스강사 등의 다양한 명함을 가지고 있다.

신 새벽 수영장 옆, 평생교육원 앞에 길게 늘어선 줄이 노래교실과 스포츠댄스 등록할 어르신들이라 한다. 육체와 정신건강에 그만한 것도 흔치 않으니. 한창 젊은 삼십대 초반, 마무리 못 해 알찌근했던 춤을 완성하려고 훗날 저 대열에 끼어 있지 않을까. 노년의 나는 극도의 다이돌핀이 생성되고 영혼을 정화시키는 춤과 음악이 있는 곳에서, 무아의 경지로 잠자는 세포가 깨어날 수 있는 댄싱녀를 꿈꾼다.

# 청량산성에 올라

청량淸凉 산문에 들어서니 경쾌한 물소리와 청아한 독경 소리가 울려 퍼진다. 짙푸른 수림과 깊은 골짜기에서 불어오는 바람은 내리쬐는 뙤약볕도 무색하게 한다. 병풍처럼 둘러쳐진 산세에 깎아지른 기암절벽으로 연이어진 바위 봉우리가 장관이다. 예로부터 작은 금강산으로 불릴 만큼 풍광이 수려했다. 시대를 초월해 당대의 고승들과 석학들이 줄을 이었고 공민왕과 노국공주가 피란처로 요람을 펼친 천혜의 요새여서일까 예사롭지 않은 기운이 감돈다.

오솔길에 접어드니 인기척도 멀어지고 풀벌레 소리만 애달프다. 길섶에는 싱그러운 풀꽃들의 향기가 넘쳐난다. 산비탈에는 개망초가 한창이다. 외지고 후미진 곳에서도 숙명처럼 하얗게 꽃을 피우는 강인한 생명력을 망초꽃에서 본다.

성벽을 오른다. 홍건적이 고려를 침공했을 때 공민왕이 피란 와서 쌓은 산성이다. 천연 요새답게 가파른 절벽이 정상으로 이어진다. 세월의 무게에 허물어진 산성을 복원하고 거친 부분은 나무계단을 만들어 놓았다. 성벽 주변에는 자주색 싸리꽃이 꿀벌을 부른다. 울울창창하게 숲을 이룬 소나무와 굴참나무 사이로 유월의 햇살이 찬연하다. 짙푸른 숲의 도란대는 속삭임에 심취한 나는 가물가물 먼 시간여행을 떠난다. 공민왕과 노국공주의 혼령인 듯 나비 한 쌍이 날아든다.

수도였던 개경이 함락당하자 구중궁궐을 떠나온 왕과 공주의 피란길은 고단하고 험난했다. 나라 잃은 슬픔과 지켜주지 못한 백성들이 아픔으로 남았다. 백성들도 대부분 피란을 떠나버려 문경새재를 넘어오기 전까지 왕은 왕 대접을 받지 못했다. 엄동설한에 안동에 이르렀을 때였다. 풍산 소야천에 다리가 없어 왕비는 어쩔 줄 몰라 했다. 그때 마을의 부녀자들이 몰려나왔다. 모두 차가운 개울물로 들어가 줄줄이 등을 구부려 인간 다리를 만들어 왕비를 무사히 건너게 하였다. 거기서 유래된 '놋다리밟기 놀이'가 지금도 안동에서 행해지고 있다. 절체절명의 순간에도 왕과 공주는 절망하지 않았다. 서로를 향한 굳건한 믿음과 위로가 힘이 되었다.

천혜의 지리적 요건이며 군사적 요새인 청량산 일대는 공민왕에게는 마지막 보루였다. 축융봉 일대에 임시궁궐을 짓고 성을 쌓아나갔다. 고을 백성들은 노인, 아녀자 할 것 없이 돌을 나르며 힘을 모았다. 한 개 두 개 물고 물리고 차근차근 쌓아올린 성은 견고했다. 왕은 군사들을 모아 세력을 넓히고 무술을 연마시켰다. 마침내 청량산을 기점으로 대반격의 기회를 엿보던 왕은 홍건적을 물리치고 수도 개경을 수복할 수 있었다.

산성에서 내려다본다. 잠시라도 발을 헛디딘다면 어디로 떨어질지 아찔하다. 지나간 한때 나의 가정도 저 낭떠러지처럼 위태로웠던 적이 있었다. 동업으로 운영하던 남편의 회사가 갑자기 기울어지자 모든 책임을 혼자 떠안게 되었다. 법원에서 발부된 소장이 두 건이나 되어 집이 날아가고 거리로 나앉게 될 상황까지 왔다.

집은 내가 30여 년 동안 쌓았던 유일한 성이었다. 성을 쌓기 위해 이른 아침이면 곤히 자는 아이를 업고 가게로 나왔다. 하루도 빠지지 않고 가게 안팎을 쓸고 닦자 지나가던 어느 분이 '일찍 일어나는 새가 벌레를 잡는다'라며 칭찬을 하셨다. 칭얼대는 아이를 업고 손님 앞에서 민망하고 부끄러워하는 내게 성실하게 살면 분명 성공할 거라고 용기를 주는 분들도 계셨다.

그렇게 쌓았던 성이 하루아침에 허물어질 위기로 몰고 간 남편이 원망스러웠다. 한 가정이 무너지면 거기서 파생되는 불편과 고통은 가족 전체가 고스란히 겪게 되는 법이다. 화가 치밀어 절규하는 나에게 궁색한 변명을 늘어놓는 그의 말이 너무나 무책임하게 들렸다. 차라리 받침돌 하나를 빼버리고 싶었다. 하지만 하나밖에 없는 딸아이가 눈에 밟혔다.

모든 상황은 나에게 불리했다. 변호사 비용 또한 만만치 않았다. 개미가 정자나무 건드리는 모양으로 외로운 싸움이 시작되었다. 1차에 패소를 했지만 30여 년 동안 쌓아왔던 흔적을 검사님께 낱낱이 읍소하며 통사정을 했다. 딱한 내 사정을 듣고 진심이 통했는지 국선 변호사를 선임할 기회를 주어 다시 상소했다. 영문도 모른 채 피의자가 되어 법정에 드나들 때의 심정이란, 공민왕이 성을 빼앗긴 뒤에 피란길이 그러했을까. 지옥 같은 1년이 흐른 후 드디어 승소하던 날, 그제야 딸을 부둥켜안고 마음껏 안도의 눈물을 흘렸다.

공민왕에게 노국공주는 든든한 정치적 동지이자 어머니와 같은 존재였으며 또 다른 성城이었다. 그런 그녀가 죽음으로 다가왔다. 공주가 죽자 공민왕은 충격으로 아무것도 할 수가 없었고 슬픔이 지나쳐 정신에도 병이 들었다. 공주의 초상화를 그려서 옆에 두고 마치 공주가 살아 있기라도 하는 것처럼 행동했다. 죽어서도 왕은 공주와 같이 있고 싶어 쌍릉을 만들어 나란히 누워있다.

청량산에 머물다 환도한 후 비운의 죽음을 맞이한 왕에게 감화를 입었던 이곳의 백성들이 사당을 지어 매년 대보름과 칠월 백중에는 원혼을 달래는 제를 올리고 있다. 청량사 법당의 유리보전은 도道 유형문화재로 지정되었다. 보전의 현판은 공민왕의 친필로 전해진다. 이곳에 모셔져 있는 약사여래불은 지불紙佛이었는데 지금은 금칠로 단장이 되어 있다.

공민왕은 오직 노국공주만 사랑했다. 어려울수록 서로에게 버팀목이 되는 사랑의 위대한 힘. 그 힘으로 빼앗겼던 나라도 되찾을 수 있었지만, 사랑하는 여인을 잃고 홀로 남은 공민왕은 왕이었지만 더는 왕이 아니었다. 그러고 보면 내가 남편에 대한 원망을 내려놓지 않았다면 우리 가정이 지금처럼 온전했을까. 상대의 아픔에 내 가슴이 찢어지는 것이 사랑이라니.

꿈길 같은 숲을 벗어나자 굽이치며 유장하게 흐르는 이

나리강의 물비늘이 부시다. 오뉴월 보리밥 쉬듯 쉬이 변하는 요즘 사랑의 행태를 생각하면 죽음도 갈라놓을 수 없는 애틋한 그 사랑이 더 숭고하게 느껴진다. 그들의 발자국을 따라 가슴에 사랑 한 줌 담아 청량교를 건넌다. 눈을 드니 마음과 마음을 이어주는 듯 청량산 하늘다리가 햇살에 반짝인다.

# 4부 마늘

## 상팔자

웃음보가 터졌다. 환자의 상태가 심각하다는데 보호자가 킥킥 웃으니 민망하기도 하다. 흘낏 쳐다보던 원장님의 이야기는 계속된다.

"이분은 고도 비만에다가 고혈압에 심장도 몹시 나쁩니다. 물을 하루 300ml 이상 마셔야 하고 영양제와 체중조절 식사를 병행해야 합니다. 그래도 상태가 호전되지 않을 경우에는 입원해서 좀 더 세밀한 검사를 받아야 합니다. 그렇다고 운동을 너무 무리하게 하면 심장이 멎을 수도 있으니 이십 분 단위로 쉬어가며 하시고요, 갑자기 쓰러질 경우 속히 병원으로 오세요."

병원 대기실이 소란스러웠다. 환자와 보호자가 뒤섞여 앉을 자리가 없다. 여기저기서 끙끙 앓는 소리가 들렸다. 잔뜩 웅크리고 기가 푹 죽어있는가 하면 어디가 아파 병원에 왔는지도 모를 만큼 구석구석 누비고 다니는 활발한 환자도 있었다.

한참을 기다리다 차례가 되어 진료실에 들어갔다. 원장님이 주사기로 소변을 채취해서 검사를 하고 가슴에 젤리 같은 약을 발라 진찰을 했다. 검사가 끝나자 병명을 이야기한다. "이분!" 이분 같은 경우에는, 이라고 한다. 대체 또 어떤 분이 들어왔나 싶어 뒤돌아보니 아무도 없다. 가만히 보니 내가 데리고 온 강아지를 보고 하는 말이었다.

냄새 잘 맡으면 개코같다고, 코 밝고 귀 밝은 것이 개 아닌가. 개는 개 사료를 먹어야 하는데 주인이 먹는 게 맛있어 보였나 보다. 사료를 밀어내고 밥상머리에 앉아서 달라고 떼를 쓰며 애절한 눈빛을 보냈다. 불쌍해서 밥 위에 생선도 얹어주고, 통닭도 같이 먹으며 달라는 대로 음식을 주다 보니 살이 쪄서 돼지 새끼처럼 보였다. 거기에다 짠 음식을 먹어서인지 피부병이 생겨 동물병원에 갔었다. 원장님 말씀이 자칫하면 강아지를 잃을 수도 있고 병원 신세를 오래 질 수도 있다는데 웃고만 있었으니.

요즘 애완견을 키우는 것이 유행처럼 번진다. 상하 관계가 뚜렷한 대가족에서 핵가족으로 바뀌면서 가족끼리의 대화도 수평으로 변해가고 대화 시간도 짧다. 많은 형제자매가 한 울타리에서 부대끼며 살 때는 외로움을 몰랐지만 이제는 대다수 자녀가 한두 명이다 보니 외로움을 타는 이가 많다. 형제가 많지 않은 자녀들과 독신을 고집하는 처녀 총각들이 애완동물을 원하는 추세이다. 거기다가 홀몸 노인들에게는 치매 예방도 되고 반려견이라며 권장을 한다. 그러다 보니 몇 집 건너마다 애완동물을 키운다.

개 주민등록증도 있고 애완동물 호텔, 강아지 유치원, 카페도 있다. 강아지 의상은 아이들 옷값과도 맞먹고 미용비는 사람의 서너 배나 된다. 보험이 안 돼 병원비는 한 번 가면 사람의 네다섯 배가 된다. 그렇다고 호적에 올릴 수도 없지 않은가. 반려동물 인식이 달라지면서 애완동물 용품 시장이 지난해에 2조 원에 육박했다. 키우던 개가 죽으면 장례식장을 이용하는 사람이 태반이다. 장례절차도 사람처럼 금액에 따라 삼베나 비단 옷을 입혀 염을 하고 화장을 한다. 유골은 산천에 뿌리거나 납골당에 모셔놓기도 한다. 어느 암자에 계신 스님 말씀이 전에는 사람 사십구재만 지냈지만, 요즘은 개 사십구재 지내러 오는 사람도 더러 있다고 한다.

어떤 처자식과 남편이 개처럼 그렇게 자신을 반기고 따를까. 요구도 욕심도 없다. 그저 먹이만 주면 순종하고 복종한다. 그러다 보니 애완견을 잃어버리고 찾아주는 분께 사례금을 몇십만 원에서 백만 단위까지 준다는 광고지가 전봇대에 나붙는 것도 허다하다. 동네병원은 환자가 줄어들어 차츰 없어지고 동물병원은 우후죽순처럼 늘어난다. 개는 예전의 개가 아니다. 이제는 '수의사'가 '동물병원 원장님'으로, 개에게 존댓말을 하는 기상천외한 동물이 상전 되는 세상이 되고 말았다.

우리 강아지에게 유기농 사료와 나도 못 먹는 영양제를 세 가지나 먹인다. 바람막이 패딩 파카를 사 입히고 운동을 나가면 몇 발자국 걷지도 않고 가기 싫다고 납작 엎드린다. 낸들 바람 불고 추운데 운동을 나가고 싶을까. 바짝 안고 다시 집으로 들어간다. 우리 집에서 서열 1위인 줄 개는 이미 알고 있다. 분명 동물인 개에게서 태어났지만 어미에게서 뺏어와 사람으로 살고 있으니 세상은 개판이다.

"그래, 네 팔자가 상팔자다."

# 마늘

시큼한 부취제 냄새가 난다. 가스가 새는지 코를 앞세워 집안을 살펴보니 뒤 베란다에 처박아 두었던 마늘이 진원지였다. 지난여름 흑마늘을 만들다가 남겨놓은 것이다. 빈 소쿠리 위에 아무렇게나 던져진 마늘은 꽉 조여 있던 허리띠를 풀어헤친 듯 느슨해지고 뽀얗게 윤기 흐르던 알맹이도 푸석해졌다. 검불 같은 껍질이 수북하여 쓸 만한 것만 골라 겉껍질을 벗기고 나니 한 통속 안에 각기 다른 얇은 막을 치고 있었다.

한 지붕 아래 살면서 남편과 나는 마음의 장막을 치고 살았다. 마늘처럼. 내가 생마늘이라면 남편은 구운 마늘 같았다. 매사 분명한 내가 그의 눈에는 까칠하게 보이고 그저 좋은 게 좋다는 그가 내 눈에는 우유부단해 보였다. 야무지고 매워야 마늘이고 밍밍한 것은 마늘도 아닌 듯. 밖에서 세상인심 다 쓰는 도대체 영리에는 흐린 허방만 짚는 사람이 영 마뜩지 않았다. 그의 우스갯소리에 남들이 깔깔거릴 때도 나는 실없다며 생마늘처럼 톡 쏘곤 했었다.

갑작스런 남편의 암 발병 비보를 접했다. 대장으로 시작한 암이 어느새 간까지 다도해처럼 군데군데 전이되어 있었다. 병원에서는 수술할 단계도 지났고 길면 2년 짧으면 1년이라는 사형선고를 내렸다. 의사는 생명을 조금이라도 연장하기 위해 항암치료를 권하지만 환자 본인이 완강하게 거부했다. 주변에서 병원치료를 받으라는 사람들과 공기 좋은 곳으로 여행이나 다니며 하고 싶은 것 하라는 사람들 사이에서 갈등이 되었다.

하지만 가족의 입장에서 맥 놓고 있을 수는 없었다. 요즘 표적치료라는 항암 치료가 효과를 본다고 하니 현대 의학에 의존하는 것이 후회는 덜 할 것 같았다.

어느 날 유난히 하체가 길쭉해 보였다. 마치 학 다리 같아 보였지만 키가 커서 그런가 보다 했다. 손도 못 쓸 만큼 간이 썩어 가는지 몰랐다. 쥐눈이콩만큼만이라도 관심을 가졌다면, 조금만 더 일찍 발견했더라면. 뒤늦게 좋다는 것을 마련하느라 법석을 떨었다. 시름시름 아파도 혼자 끙끙대며 뜨겁게 익어가고 있었나 보다. 편하게 먹여 살리지 못하고 마누라 쌈짓돈마저 사업 자금으로 털어 넣은 것이 여간 신경 쓰였던가 보다. 그러고 보니 맞벌이한다는 핑계로 따뜻한 밥상 한 번 제대로 챙겨주질 못했다.

밥통 속의 흑마늘은 더디기만 한데, 남편의 암 진행은 빛의 속도로 까맣게 흑마늘을 닮아갔다. 긍정적이고 낙천적이던 사람이 그렇게 의지력이 약했을까.

1차 항암치료 후 몸 상태가 급속도로 나빠졌다. 기력이 떨어져 앉아 있기도 힘들었다. 항암치료가 환자에게 오히려 더한 고통인 것 같았다. 점점 마약성 진통제의 수위가 높아져 갔다. 의사 선생님이 본인이 당황스러울 정도로 진행상태가 빠르다며 준비하라고 했다. 동공이 흔들리며 휘청거리는 내게 '아직 젊은데….' 하며 눈시울을 붉히셨다.

호스피스 병동에서 남편의 생일을 맞았다. 케이크와 떡, 다과 등 푸짐하게 차렸고 의사 선생님 간호사들 수녀님과 스님도 참석을 하셨다. 살아생전 가장 많은 축하객이었다. 남편은 간성혼수가 와서 정신이 오락가락 하면서도 그 순간 어린아이였다. 고깔모자를 쓰고 손뼉을 치며 생의 마지막 생일 축하곡을 따라 불렀다. 이틀 후 저세상으로 가는 길목에서 우리 세 명의 가족사진도 남겼다.

이제 생의 끈을 놓을 때가 머지않았나 보다. 간호사가 다인실에서 평안실 독방으로 옮기자고 했다. 방에는 우리 가족 세 명만 오롯이 남았다. 한방에서 자본 것이 얼마 만인가. 점점 밤은 깊어지고, 산소호흡기에 의지한 채 피안의 세계를 넘나들며 가쁜 숨을 몰아쉬는 환자와 임종을 지켜보는 보호자의 한숨 소리만 방 안을 가득 메웠다. 깜빡 잠이 들었었나 보다. 계기판의 그래프가 제로로 물결치고 있었다. 의사가 임종을 확인해 주었고 간호사는 감기지 않은 눈을 쓸어내려 주었다.

날이 밝아 오는지 밖이 희붐하다. 장의사가 와서 영안실로 망자를 옮기려고 누구 남자분 없냐고 물었다. 방에는 연약한 두 모녀뿐 힘쓸 가족이 없었다. 저승사자 같은 장의사는 체온이 채 식지도 않은 남편을 영안실에 밀어 넣었다. 그제야 정신이 아득해지고 맥이 풀린 몸뚱이가 스르륵 흘러내렸다. 젊은 사람일수록 암 진행이 빠르다더니 허망하게도 암 진단받고 4개월 만이었다.

곳곳에 부드러운 마늘 향을 뿌려놓았을까. 빈소에는 고인을 기리는 살아있는 자들의 추도가 꼬리를 이었고, 죽은 이를 위해 기도하는 성당 신자들의 연도 소리가 이승과 저승을 갈라놓았다. 한 꼬투리 속에 있던 가족의 슬픔을 아는지 모르는지 하얀 국화꽃으로 둘러싸인 망자는 호방한 웃음을 날리고 있었다.

겉은 멀쩡한데 쭉정이도 있고 겉은 볼품없는데 속이 꽉 찬 것, 알맹이가 누렇게 변하고 쭈그러진 것, 제자리 차지 못 하고 굵은 마늘 옆에 덧니같이 끼어있는 가련한 것, 성질 급해서 붓끝같이 뾰족하게 싹이 난 마늘, 한 통속에 성한 것과 썩은 마늘도 있다. 저 마늘은 옆에 있는 마늘이 신음하며 썩어가는 줄 몰랐을까.

가슴이 싸하다. 병든 마늘을 정성껏 그 부분만 도려내고 그릇에 담았다. 맵다 하고 냄새 난다고 해도 식생활에 꼭 필요한 소중한 양념이고, 육 쪽이나 팔 쪽이나 까놓으니 모두가 알몸인 것을.

손마디도 아리고 눈도 맵다. 아무도 없는 절간 같은 집안에 마늘 향만 진동을 한다. 세월이 얼마나 지나야 굳은살이 지고 진하게 배어있는 마늘 냄새가 사라질까.

봄이 왔나 보다. 재잘대는 새소리에 창문을 활짝 열었다. 실바람에 알싸한 장막 홀연히 날아오른다.

# 꿈

"고객님의 신탁예금 만기일이 28일이오니 찾아가시기 바랍니다."

심 봉사 눈뜨는 장면이 이랬을까. 메시지를 본 순간 첫사랑을 만난 듯 가슴이 벌렁거렸다. 기억에도 없는 돈을 찾아가라고 한다. 분명 D은행이라고 적혀있었다. 몇십 년 나의 거래은행인데 지금까지 몰랐을 리가 만무했다. 그런데도 지금 기억에 없지만 예전에 눈먼 돈이 있어 혹시 저축해 놓았을 수도 있다는 생각이 들었다. 그러면서도 한편으로는 세월이 하 수상하니 보이스피싱이 아닐까 하는 의심이 번개처럼 스쳤다.

그동안 미뤄왔던 것들이 두두두 머릿속에 집결한다. 우선 편한 신발을 사야겠다. 지난해까지만 해도 하이힐을 신고 달리기도 했었는데 이제 한나절만 돌아다녀도 발이 부르트고 다리가 아파 주저앉는다.

그래, 이참에 건강검진을 해야겠다. 당장 해야 할 것은 대장암 검사다. 어머니가 대장암이 발병해서 가족력이 있다는 말에 내시경 한 지가 십여 년 되어간다. 두 번째로 유방암 검사도 해야겠다. 몇 달 오락가락하던 그날이 올 기미가 없다. 갑자기 열이 확 오르며 안면홍조가 자주 나타나고 아무런 의욕도 없는 것이 갱년기 증세다. 친구가 호르몬제를 먹으라 한다. 그러려면 유방암 검사부터 해야 한단다. 내일 아침에 당장 병원에 가야겠다며 잠자리에 든다.

곤룡포를 입은 세종대왕이 성큼성큼 걸어오신다. 궁녀와 내시도 없이 홀로시다. 갑자기 임금이 용으로 둔갑을 한다. 여의주를 물지 않은 용이었다. 윤슬에 반짝이는 생선비늘

같이 누런 광채를 내뿜으며 머리를 들고 눈을 희번득인다. 목은 불국사 돌기둥만큼이나 굵다. 귀는 조그마한데 날름거리는 혀가 보이지 않았다. 금방이라도 스르륵 다가와서 나를 휘감을 것 같은 무시무시한 모습에 소리를 질렀다. 가위눌린 듯 소리가 밖으로 나가지 않는 것 같다. 분명 길몽이었다. 이건 로또 일등이다. 꿈을 잘 꾸지도 않고 가끔 꿈을 꾸어도 아침에 일어나면 기억이 없었는데 너무나 생생하다. 꿈속에서 꿈을 꾼다.

긴 줄이 늘어졌다. 가게 안은 발 디딜 틈 없이 사람이 복작거린다. 자동 복권을 사는 사람과 원하는 번호를 적는 사람 족히 20분은 더 기다려야 할 듯하다. 당첨만 된다면야 그까짓 20분은커녕, 이틀인들 못 기다릴까. 복권 파는 곳이 어디 한두 곳이 아니련만 유독 저 집에 사람이 몰리는 이유는 1등 당첨이 가장 많다고 한다. 금, 토요일이면 매주 복권을 사는 사람도 부지기수이고, 어쩌다 어제저녁 나처럼 용꿈이거나 길몽에 달려온 사람도 있을 것이다.

가게 앞을 온통 몇 등 몇 회라는 유인물로 도배를 해놓았다. 1등 당첨이 많은 장소는 명당으로 소문이 나서 많은 사람이 멀리서도 기꺼이 그곳을 찾아간다. 행운이 혹시 내게로 올지도 모른다는 유혹에 이끌려온 사람들, 경기가 어려울수록 한탕주의 사행성 오락과 점집이 성행한다더니 일확천금을 바라거나 소소한 기쁨으로 다들 한껏 희망찬 꿈을 꾸는 자들이다.

오후에 전화가 왔다. 나를 흥분하게 하여 허황된 꿈을 꾸게 한 장본인이다. 내 이름으로 차명계좌를 사용했다는 은행에 근무하는 지인의 소행이다. 그래서 용으로 보인 이무기였는가 보다. 우연이나 요행을 바라니 에그 쯧쯧, 갑자기 기운이 빠진다. 소박한 내 꿈이 한낱 개꿈으로 몰락되는 꿈. 내 것이 아닌 것을 잠시 내 것으로 착각한 벌칙이다. 잠깐이었지만 그래도 그 순간만큼은 희망을 가지고 행복했으니 밑진 것은 없지 않은가. 자자 또 꿈을 꾸게.

# 여우 꼬리

분주하다. 쏴 쏴 샤워기 물소리, 푸드덕 물 퍼붓는 소리, 이른 아침 샤워장은 말없는 전쟁터다. 일찍 운동하러 온 사람들의 하루가 여기서 시작된다. 수영을 하고 바로 출근하기 위한 젊은이들이 여명을 뚫고 몰려든다. 직업을 가진 사람들의 아침 시간은 5분도 금쪽같아 시간을 갈같이 쓰는 자들이다.

오늘따라 도떼기시장이 따로 없다. 강습 마치고 씻을 사람과 들어가기 전 씻어야 할 사람이 한꺼번에 들이닥친다. 샤워시설이 넉넉지 않아 재바르지 않으면 수도꼭지 차지하기가 어렵다. 강습을 마친 회원들이 총알같이 샤워장으로 나온다. 서로 샤워기를 차지하려고 기 싸움이 벌어진다. 축축한 수영복을 입고 세면도구를 들고 귀퉁이에 서 있는 아가씨의 입술이 새파랗다. 얼른 따뜻한 물에 몸을 녹여야 하는데 자리가 없다. 동동거리다가 바가지라도 하나 잡으면 물을 퍼붓고 대충 헹구고 나가기가 일쑤다. 굼뜬 사람은 하세월이다.

옆에는 할머니 한 분이 샤워기 아래 앉아서 때를 벗기고 있다. 철철 쏟아지는 수돗물이 머리와 등허리를 맞고 이리저리 파편이 되어 튕겨 나간다.

"할머니, 다른 사람들 물 좀 쓰게 옆으로 조금만 비켜주세요."

할머니는 엉덩이만 약간 들썩이고는 어중간하게 앉아서 양손에 때타월을 끼고 온몸을 문지르고 있다. 물통 주변에서 다른 몇 분은 서로 등을 밀어주고 앉았다.

"여기가 때 벗기는 곳이 아니잖아요. 발 디딜 틈도 없이 퍼질고 앉아 있으면 어떡해요. 할머니들이 날씨도 추운데 뭐하려고 새벽부터 와서 앉아 있습니까. 젊은 사람들 출근한 후에 천천히 와도 될 텐데요. 딸 같고 손녀 같은 애들에게 빨리 씻고 가도록 양보 좀 해주면 좀 좋아요."

찢어질 듯 내지르는 쇳소리에 좁은 샤워장이 순간 정전이 된 듯하다. 머리에 샴푸를 바르고 문지르던 사람, 온몸에 비누 거품을 칠하던 사람, 때 밀던 사람들 동작이 정지된 채 이 무슨 일인가 고개가 바쁘다. 아차! 싶었지만 한 번 내뱉은 말은 폭발력이 강했다.

나이가 들면 잠이 없는 탓인지 노인들은 문을 열기도 전에 와서 기다린다. 목욕비가 5,500원인 데 비해 경로우대 수영장 일일권이 2,000원도 채 안 되니 노인들이 먼저 와서 자리를 차지하고 있다. 거기다가 복잡한 공간에서 느긋하게 때를 벗기고 앉아있는 어른들이 많다. 나이 듦이 벼슬이 아닐 터인데 늙으면 아이 된다더니 양보는커녕 대접받으려고만 한다. 조금만 듣기 거북한 말을 하면 '너희는 안 늙는 줄 아나.' 하며 무척 서러워하신다.

초등학생 때였다. 2학년인데도 한글을 모르는 아이들이 몇 명 있었다. 선생님이 방과 후 그 아이들을 교실에 남게 했다. 그러고는 선생님이 나에게 아이들에게 받아쓰기 공부를 시키라 하셨다. 어머니, 아버지, 할머니, 할아버지 등 기본적인 몇 단어를 받아쓸 줄 알면 집으로 보냈다. 제법 시간이 지난 후에는 대부분 합격해서 집에 가는데 춘심이란 아이가 아무리 가르쳐도 쓰지를 못했다.

곧 해가 질지도 모른다는 생각에 마음이 바빴다. 학교에서 집까지 가려면 십 리길 을 걸어야 한다. 동네 친구들은 다들 집에 갔는데 혼자 갈 일이 걱정이었다. 그만 화가 나기 시작했다. '이것을 왜 모르느냐'고 필통 뚜껑으로 머리를 마구 때렸다. 해 질 무렵이 되어서야 겨우 부르는 대로 받아쓰기를 하고서 각자 집으로 갈 수 있었다.

그때 보았을까. '책임감이 강하고 품행이 방정하며 여성적이나 성질이 날카로움' 초등학교 2학년 내 성적표 활동사항 난에 담임 선생님이 써놓은 글이다. 선생님이 나의 날카로운 성질을 어떻게 간파하셨을까. 어른의 눈으로 어린아이의 성깔이 보였나 보다. 높은 곳에서는 아래가 내려다보이듯이 어른의 눈에는 아이들의 잔꾀도 볼 수 있는가 보다.

철이 들면서 그 말뜻을 알았다. 생기발랄한 시절에는 누구이거나 이치에 맞지 않는 말을 한다는 생각이 들면 급한 성질머리로 톡톡 쏘아대니 풀쐐기란 별명이 붙었다. 더러는 입이 촉빠르다는 말도 들었다. 그런 성정도 세월 앞에서 녹슨 칼날처럼 무디어졌다. 오랫동안 장사를 하며 별별 사람을 겪다 보니 눈에 거슬리는 것도 적당히 넘어가고 애달프게 잘잘못을 가릴 필요성을 못 느꼈다. 맺고 끊는 부분이 확실하면 인정머리가 없다 하고 어수룩하고 자기주장을 하지 않는 사람을 사람 좋다고 표현한다. 무관심으로 수수방관하면 오히려 만사가 형통하다. 그러다 보니 성격 좋다는 말을 많이 들었다.

타고난 천성은 바꿀 수 없나 보다. 양의 탈을 쓴 이리같이 온순한 척하지만 어느 순간 못된 성질이 주머니 속의 송곳처럼 삐져나오니 말이다. 말을 하고 보니 속은 시원한데 얼굴이 화끈거렸다. 나의 속성을 모르는 주변 사람들의 눈이 휘둥그레졌다. 뒤통수가 부끄러웠다. 민망해 하는 나에게 젊은 사람들이 '잘했다'고 응원을 해준다. 아 내일 수영 가지 말까. 여우 꼬리 백년을 묻어 놓아도 여우 꼬리인가 보다.

전설에 따르면, 여우가 도道를 닦으면 사람의 모습으로 변할 수 있게 된다고 하는데, 꼬리만은 변하지 않아서 들통이 난다고 한다.

# 갈림길

'선경옥계'라는 팻말이 영덕의 명산 팔각산이 가까웠음을 예고한다. 길섶에는 철 이른 코스모스와 배롱나무가 줄을 이었다. 굽이굽이 옥빛 계곡을 따라 소나무와 어우러진 천길 단애가 눈길을 당긴다. 먼빛으로 본 팔각산은 뿔 모양의 바위 봉우리가 여덟 폭 병풍처럼 둘러쳐져 있다.

등산 기점에 다다르자 예정에도 없던 선두 안내자의 책임을 떠맡았다. 하산 지점 목적지까지 가는 방향에 갈림길이 나타나면, 뒤따르던 회원들이 산길을 찾아갈 수 있도록 방향 표지기를 다는 것이다. 늘 고시랑 얘기하며 따라다니던 터라, 헷갈릴 길이 없다지만 초행길의 선두 가이드 자리가 책임이 막중해서 걱정이 앞섰다.

개울을 따라 몇 발자국 옮기자 여느 산과 달리 암벽에 설치된 철 계단이 앞을 가로막는다. 어느 산이든 풍경이 좋은 명당자리는 사찰이 차지하고 있는데 지도상으로 본 팔각산에는 왠지 절이 보이지 않았다. 108개라 하는 계단이 무엇을 의미하는지, 마치 인생길 같다는 생각에 잠겨 층층 오르다 보니 오솔길이 나타나고 꽃잎 진 철쭉이 산 꾼을 맞이한다.

가파른 등산로가 이어졌다. 한발 한발 기도하듯 올라간다. 첫 번째 올라 보는 아담한 바위 봉우리 꼭대기에 1봉 표지석이 나타나고, 다소 수월하게 바위 허리에 붙여진 2봉 표식을 지나, 3봉은 좌측으로 난 버찌기 굴을 버리고 설명대로 우측으로 진행했다. 이제 오늘 가장 까다롭고 힘이 드는 4번째 구간인가 보다. 험한 암벽에 굵은 밧줄을 잡고 가야 한다. 경황에 먼저 가겠다고 끼어들어 질서를 파괴하는 사람도 있다. 저러다가 아차 하는 순간 남들까지 낭떠러지로 떨어질 수 있다. 인자요산이라는데 산에 와서도 자신밖에 모르는 이기적인 사람이 눈살을 찌푸리게 한다.

구슬땀이 등줄기를 타고 미끄러졌다. 시야가 확 트이는 5봉 전망대 바위에 올라섰다. 눈길 머무는 곳에 하늘과 맞닿은 푸른 동해가 아스라이 보이고, 주왕산 별바위가 우뚝하다. 서쪽으로 동대산, 바데산이 손에 잡힐 듯 하고, 청청한 옥계계곡의 물줄기도 시선을 끌어당긴다. 멀리 겹겹이 파노라마로 펼쳐지는 산 그리메가 일망무제다. 여기가 정점이란 느낌이 온다. 앞뒤 돌아볼 여유 없는 팍팍한 삶에서 조금은 여유를 찾은 듯, 여기저기 아름다운 것들 돌아보고 이쯤에서 몸도 마음도 내려놓고 주저앉아 마냥 머물고 싶다.

아쉬움을 남기며 자리를 털고 일어서니 정상은 저만치에 있다. 앞으로 가야 할 봉우리들도 결코 쉬울 것 같진 않지만 아름답게 다가온다. 공포를 느낄 만큼 급경사 암벽을 푹 꺼졌다 오름을 몇 번이나 반복하고서야 7봉을 지나고 안전지대로 들어섰다. 뒤돌아보니 능선에는 암벽을 내려올 사람들로 줄을 섰다. 아찔한 저 벼랑을 어떻게 왔나 싶지만, 기암과 어우러진 소나무의 수려한 풍광에 금세 저곳으로 되돌아가고픈 심정이다.

두루뭉술한 정상 8봉엔 중식을 하는 분들로 시골장터 같이 소란스럽다. 이제부터는 하산길이다. 정상을 벗어나자 곧 갈림길의 귀로에 선다. 두 갈래 길 중에 표지기가 많은 쪽이 있어 지름길이라 지레 속단해 버린다. 길게 갈 사람은 능선 쪽으로 가도록 표시 리본 달아놓고 나는 우측으로 발길을 돌렸다. 가파르게 계속 내려가는 게 뭔가 조금은 이상했지만, 곧 만나겠지 하며 개의치 않고 부지런히 발길을 옮긴다.

호젓한 숲길과 하늘 떠받친 아름드리 적송과 어우러진 단풍나무 사이로 하늘빛이 곱게 스며든다. 바람결에라도 실려 올 듯한, 사람 소리 하나 없는 고요만 가득한 이곳에는 매미 소리만 가끔 적막을 깬다. 깊은 산속 혼자만의 꿈결 같은 여유로움에 '세월 따라 걸어온 길 멀지는 않았어도 돌아보니 자국마다 사연도 많았다오. 진달래꽃 피던 길에 첫사랑 불태웠고~~' '길'이라는 노래를 흥얼거려 본다.

지금쯤 중간의 안내자가 도착할 때가 되었다고 생각하던 차, 마치 듣고 있었다는 듯 연락이 온다. 갈림길을 지나 장소 좋은 곳에서 회원들과 중식을 하고 있다고 했다. 위치가 이상하여 지도를 꺼내보니 나만 다른 길을 걷고 있었다. 지름길이라 약은 꾀 부린 것이 엉뚱하게 갈림길이었나 보다. 지금 되돌아가기에는 너무 많이 내려와 버렸고 참 난감하다. 내 배낭 속엔 맛있는 족발도 있고 함께 온 사람들과 나눌 청량한 과일도 있어 마음이 든든했었다. 갑자기 외톨이가 되어 사면초가四面楚歌에 빠진 것 같아 짜릿한 은밀함도 솔바람도 그저 공허할 뿐이다.

조금 전 새털 같은 마음들은 어디다 갔는지 돌덩이 매단 마음으로 외로이 터벅터벅 걷는다. 선두 안내자가 정도正道로 가야 하는 철칙을 망각했다. 선두자의 섣부른 판단과 안이함이 뒤따르는 사람께 엄청난 불편과 고통의 대가를 지불해야 될지 간과해서는 안 될 일인데. 다행히 길눈 밝은 사람의 인솔로 호연지기를 꿈꾸는 사람들의 '야호' 소리가 바람 타고 들려온다.

# 호칭

약국에서 처방약을 기다리고 있었다. '아지매' 하는 소리가 났다. 나를 부르나 해서 둘러보니 처음 보는 아저씨였다. 대기실에 처방약을 기다리는 사람이 많지만, 다들 쳐다볼 뿐 아무도 대답을 하지 않았다. 그러자 다시 '아지매'라고 크게 불렀다. 마침 약사가 조제한 약봉지를 들고 나왔다. 약사를 보더니 '아지매 빨리 박카스 한 통 담아주소.' 했다. 설마, 약사보고 아지매라고 부르리라곤 아무도 생각을 못 했을 것이다. 다들 뜨악하게 곱지 않은 시선으로 쳐다보았다.

그 남자가 왠지 몰상식해 보이기도 하고 거드름 피우는 사람 같아 인상이 찌푸려졌다.

TV 드라마 극 중에 아가씨가 자기 친구의 삼촌에게 시집을 갔다. 친구 아버지인 시숙에게 아저씨라 했다가 시아버지로 불렀다가 생각나는 대로 불렀다. 작가는 집안에 홀어머니뿐이라 철딱서니 없다는 설정을 그렸나 보다. 재미있으라고 그랬겠지만, 호칭 때문에 어른이 당황해하는 모양이 실감 나게 그려졌다. 옛날 어른 같으면 본데없이 자라서 버르장머리가 없다고 노발대발했을 일이었다.

몇 년 전 일이다. 친구 남편이 거래처와 계약할 일이 있었다 한다. 평소 거래처 책임자의 나이가 한참 아래인 줄 알았고, 상대도 줄곧 극존칭으로 어르신이라 불렀다 한다. 오십이 갓 넘었던지라 어르신 소리를 들을 나이는 아니었지만, 편한 사이도 아니어서 그러려니 했다고 한다. 그런데 계약서를 쓰다 보니 자신이 오히려 상대보다 두 살이나 아래였다는 것이다. 본인이 생각해도 평소에 나이가 들어 보이긴 했지만, 나이가 더 많은 사람에게 어르신 소리를 듣고 보니 스트레스를 받아 처진 눈 쌍꺼풀과 눈밑 주름 제거 수술까지 받았다.

친구들의 휴대폰 액정 속에 하나둘 손자, 손녀 사진으로 장식을 한다. 모이면 동영상을 보여주거나 사진을 들춰낸다. 다행인지 불행인지 딸이 아직 결혼을 하지 않아 나는 할머니 소리를 듣지 않는다.

나이가 들어가면서 대화 내용이 바뀐다. 갱년기에 대해 한참 이야기하더니 이젠 손자 손녀 이야기다. 할머니 짓 하지 말라고 해도 입만 열면 또 그 소리다. 그러면서 정작 누가 '할머니' 하면 듣기 싫어하는 것은 무슨 심보인지 알다가도 모를 일이다.

정년이 되어가는 때늦은 나이에 직장에 들어갔다. 대부분 십여 년 혹은 이십여 년 넘게 근무한 남자 직원들이었다. 나이로는 사장님을 제외하고 내가 등수에 들었다. 더군다나 내 부서 상사 팀장은 삼십 후반 총각이었다. 내가 요즘 흔히 말하는 이모라 하던지, 아줌마라고 편하게 불러달라고 했다. 그런데도 호칭을 하지 않았다. 전 직원도 마찬가지였다. 사장님은 이름을 부르겠다고 하셨으면서도 영 거북해하는 눈치였다.

여자들이야 처음 만나도 언니, 형님 하면 스스럼없는데 남자들은 쉽지 않은 모양이다.

새해가 되어 시무식을 하는 자리에서 직원 승진이 있었다. 우리 팀장은 과장으로 나는 입사 6개월 만에 주임이 되었다. 열심히 근무한 결과라는 조건도 붙었지만, 부르기가 거북한 면이 더 큰 작용을 했다는 후문이었다. 그래도 이런 호칭은 멋진 호칭이다.

직업과 위치에 따라 통용되는 호칭이 있지 않은가. 어울리지 않는 극존칭을 써도 조롱당하는 느낌이고 기분 나쁘게 들릴 수 있듯이 아지매란 말이 가까운 이웃같이 정감 있는 말이지만, 때에 따라 상대를 비하하는 말로 비칠 수 있다. 마음에서 말이 나온다고 하니 기왕이면 듣기 좋고 예쁜 말은 천 냥 빚도 갚는다지.

유치원 아이가 처녀인 대통령께 '대통령 할머니'라고 하니, 생소한 단어에 웃음을 참지 못하던 티브이 장면이 떠오른다.

# 사 오 돌

중국 계림여행 우리 방 팀 이름이 '사오돌'이다. 갑자기 일행인 성숙 씨가 사오돌이라 한다. '사오정'은 들어봤지만 사오돌이라 무슨 뜻인지 쳐다보니 의미심장한 웃음을 짓는다.

생각해 보니 '사싱 오싱 돌싱' 사싱은 남편이 사망하여 혼자 된 싱글, 오싱은 결혼하지 않은 오리지널 싱글, 돌싱은 이혼해서 다시 돌아온 싱글이다.

추석 황금연휴에 중국 여행을 가기로 했다. 평소 요금의 두 배 가까웠지만 그것도 비행기 표 구하기가 쉽지 않았다. 일을 가진 사람들이라 울며 겨자 먹기로 비싼 요금을 지불할 수밖에 없었다. 오래전부터 알고 지내던 부부 두 팀과 남자 가이드 한 명, 여자 세 명이 한 팀이었다. 나는 짝을 미리 정했지만 늦게 합류한 여자 한 명의 숙박이 문제였다. 4박 5일 일정에 혼자 방 한 칸을 쓰려면 만만찮은 비용을 지불해야 한다. 그렇다고 남녀가 유별한데 가이드와 잘 수도 없어 세 명이 한 방을 쓰기로 했다. 문제는 침대가 두 개뿐이었다. 호텔에 침대 세 개가 있는 방이 없다 한다. 첫날은 어쩔 수 없이 바닥에 이불을 깔고 잤다.

이튿날이었다. 가이드가 제안을 했다. 우리의 잠자리가 불편하게 느껴졌던가 보다.

"어젯밤에 부부끼리 같이 잤으니 부부 한 팀이 갈라서 남자는 가이드와 여자는 우리 세 명 중 한 명과 자면 어떻겠냐."고 했다. 서로 잘 알고 지내던 사이라 그러면 될 것 같았다. 그런데 한 팀은 부부가 떨어지면 잠을 못 잔다며 어림도 없고 다른 부부는 아주 난감해하는 표정이었다. 가이드는 하는 수 없이 털끝 하나 안 건드린다며 한 명은 자기랑 방을 쓰자고 했다. 하지만, 외간 남자와 합방을 했다가는 공항에 입국하기도 전 소문은 더럽게 나 있을 터라 우린 전혀 불편 없다고 해서 간이침대를 넣어 주었다. 자유분방한 여자 세 명은 여행 내내 웃음이 떠나질 않았다.

오랜만에 뜻 맞는 산 친구들과 어울렸다. 창밖으로 넘쳐 나오는 웃음소리 따라 뒤늦게 남자 한 명이 들어왔다.

"과부들끼리 재미있는 모양이네."

이게 무슨 말인고? 너무나 갑자기 날아온 생소한 말이 바닥에 툭 떨어졌다. 그러고 보니 공교롭게도 남편과 사별한 여자 세 명이 모여 있었다.

"문학 한다는 사람의 어휘가 그게 뭐고? 미망인이라 하든지!"

말은 그렇게 넘겼지만 머릿속에는 '과부'란 단어가 맴돌았다.

언젠가 문우 세 명이 저녁 약속이 있었다. K에게 미리 밥

값을 내가 낼 것이라 했다. 장사하다 보니 큰돈은 없지만, 항상 밥값 정도의 현금은 돌았다. 그러다 보니 식사라도 하면 어느 자리든지 내가 밥값 계산하는 것이 편했다. 그런데 '양 선생은 남편도 없으니 오늘 밥값은 Y가 내도록 하자'는 것이었다. 그 문우는 주변을 많이 살피고 조그만 것이라도 나누려 애쓰며 자기가 알고 있는 지식까지도 공유하려는 마음이 크다. 나를 끔찍이 생각해서 하는 말인데 여러 좋은 말 중 유독 남편 없다는 그 말이 뇌리에 콱 박히는지.

그러고 보니 내가 내세울 것이 아무것도 없었다. 험한 세상을 혼자 살아가기가 결코 쉽지 않을 터인데 천지를 모르고 껍적대는 것이 얼마나 안타까웠을까. 정신이 번쩍 들었다.

병환으로 남편이 세상을 떠났지만, 나는 그의 부재를 크게 느끼지 못한 편이었다. 매사에 야무진 곳이라곤 없는 사람이라 경제적인 부분이며 잔손 가는 일을 대부분 내가 했었다. 남편의 역할이 크든 적든지 나누어서 할 일을 혼자서 하기에 어려움이 왜 없을까. 그러고 보면 혼자인 지금, 있을 때나 별반 다를 게 없다고 느끼는 것은 은연중 마음을 다잡았는지도. '없어도 불편하지 않다면 필요 없는 것이다.'라는 말을 애써 위안으로 삼았을 수도 있겠다.

인간은 자기에게 해당되는 말은 새겨듣고 기억하고 싶지 않은 것들은 잊어버리는 뇌가 작용한다더니 그래서 사실과 진실은 다르다고 하는가 보다. 어떤 것은 내가 느끼지 못하고 생각하지 못했던 것, 나 자신은 모르는 사실을 남들이 먼저 판단을 하고 인정해 버린다.

소속에서 일종의 결격사유로 취급되는 '과부'라는 낙인이 찍힌 현실을 새대가리처럼 나만 직시하지 못했다. 그 후로 의기소침해지고 위축이 되어 남을 의식하며 내 행동을 스스로 제약하게 되었다.

카톡 소리에 폰 확인을 하니 휘황찬란한 그림이 펼쳐진다. 계림 이강, 팔각체 등지에서 찍은 사진이다. 경치 좋은 배경 앞에서 사진을 찍을 때도 부부는 둘이서, 우리 사, 오, 돌은 독사진, 때로는 입이 찢어지게 웃는 세 여인. 둘이서 어깨를 감싸 안은 모습도 보기 좋지만, 세상 것 모두가 내 것이라는 듯 혼자서 온 경치를 차지한 장면도 멋지다. 환한 표정, 저 자유로운 몸짓! 외로워 말고 기죽지 말기. 괜찮아 나 이대로 살다 갈래.

사, 오, 돌, 싱, 싱, 싱~~~~

# 산수국

이른 아침 외진 숲속은 기지개 켜는 소리로 수런거립니다. 졸참나무, 서어나무, 편백나무는 어깨에 내려앉은 어둠을 툭툭 털어내느라 분주합니다. 가녀린 풀벌레 소리와 자는 듯 부는 바람이 고요한 숲속임을 알립니다. 음습한 길섶에 꽃 바다를 이루며 걸음을 더디게 하는 꽃, 보석 알갱이같이 영롱한 청보라 산수국이 눈길을 잡습니다.

'산수국은 꽃이 볼품없게 작아서 벌, 나비들의 눈에 띄지

않아 가장자리에 헛꽃을 달아 곤충을 유혹한다.'

유성화라는 진짜 꽃은 중심부에 깨알같이 피어있어 눈에 잘 띄지 않는답니다. 그러다 보니 벌과 나비들이 보지 못하고 지나칠까 봐 가장자리를 무성화라는 들러리 꽃이 크고 화려하게 마치 호위무사처럼 둘러싸고 있습니다. 무성화는 벌과 나비를 유인해서 수정을 도와주는 역할을 할 뿐 직접 씨앗을 맺지는 못합니다. 진짜 꽃은 헛꽃의 도움을 받아 수정이 되면 헛꽃은 반대로 뒤집어져 벌, 나비들의 헛수고를 덜어줍니다. 그것은 꽃을 피우기 위한 숭고한 희생정신과 배려입니다.

'산수국은 토양에 따라 꽃 색깔이 다르다.'

토양에 따라 꽃 색깔이 다른 것은 주어진 환경에 적응하기 위한 생존전략입니다. 꽃말처럼 변덕이 있는 것은 아니랍니다. 경상도 사람들의 언어, 전라도 언어, 충청도 언어가 다른 것처럼, 토양이 알칼리성이면 붉은 빛으로 중성이면 흰색으로 산성이면 푸른빛의 꽃이 핍니다.

어쩌다 산기슭 음습한 곳에 뿌리를 내렸지요. 길섶이나 애오라지 척박한 땅에 한갓되이 피는 것이 제 설 자리랍니다. 옥토 박토 탓하지 않아요. 길 가는 이에게 짓밟혀도 참고 뿌려진 대로 환경에 맞춰 유연하게 살아가지요. 유난히 물을 좋아하지만 땡볕에 가물어 목이 말라도 하소연하지 않아요. 비라도 한 줄기 뿌려주면 달게 받아 마신답니다. 눈보라 치는 추위에는 바람이라도 잔잔하면 감사한 일이지요.

우아하지도 화려하지도 않아요. 스쳐 가는 사람이 시쁘게 꽃인 줄 모르고 지나칠 때가 많으니까요. 어떤 이는 '이게 뭐야 이것도 꽃인가?' 하는 같잖은 얼굴로 바라볼 때는 서러움에 조상을 탓하기도 했지요. 적요한 한낮, 어쩌다 길을 걷던 마음 따뜻한 이가 소곳이 엎드려 코를 들이대고 '어머 수수한 듯 은근히 매력 있네.'라고 할 때는 놀라운 안목과 반가움에 춤을 추고 싶지요. 어둠 내린 산골짝에 깊은 고요가 찾아들면 누군가가 사무치게 그리울 때가 있지요. 무섭고 외로움에 숨죽여 울기도 했답니다. 그럴 땐 밤하늘의 별들이 '괜찮아 내가 지켜줄게.'라고 위로해

준답니다.

누군들 수국처럼 좋은 환경에서 태어나고 싶지 않겠어요. 옥토에 뿌리 내리면 그만큼 살아가는 조건이 남보다 수월하겠지요. 항상 적당한 온도의 온실 속에서 목마르면 물 주지요. 영양제도 먹지요. 갖은 관심과 정성으로 대우를 받지요. 수북수북 복스럽고 우아한 꽃으로 고귀하게 결혼식 부케로 사랑받고 싶지요. 그렇지만, 그것 또한 그의 복이겠지요.

이제는 적응이 되었답니다. 여름밤의 무논처럼 와글대는 도회가 부럽지 않아요. 달빛 아슴푸레한 밤이면 쏟아져 내리는 별빛과 암흑 같은 그믐밤에는 반딧불이의 군무가 황홀한 자연이 좋아요. 풀벌레 합창에 귀 기울이고 새소리 매미 우짖는 소리에 잠이 듭니다. 보이나요. 이제 우리의 세상이 왔어요. 광대무변廣大無邊에 무리 지어 왁자하게 꽃피우는 저 함성이 들리나요.

넓디넓은 자연에 사열하듯 늘어선 행렬. 마치, 수만 마리의 나비 데가 내려앉은 듯, 어젯밤 하늘에서 별들을 쏟아부은 듯, 불꽃놀이로 밤하늘을 수놓은 듯 만화방창 유장합니다. 넓디넓은 자연을 화려하게 물들이는 여기는 제주 사려니숲 올레길, 산수국에 취하여 그들의 경전을 듣습니다.

# 풍경

수부의 조그만 창문을 두드리니 할아버지가 천천히 몸을 일으키신다. 개켜진 이불에 비스듬히 기대어 계시던 할아버지는 반쯤 감긴 눈으로 뜸하게 오는 손님을 맞으신다. 40여 년 전 생긴 목욕탕이다. 처음에 규모는 다소 작았지만 아담하게 쑥 찜질방과 핀란드식 사우나도 있었다. 강산이 네 번 변하도록 약간의 보수는 했지만 거의 처음 시설 그대로인 목욕탕은 시골도 이보다 더 허름한 곳을 찾기 어려울 것이다. 세월이 발전하며 첨단 시설의 사우나가 곳곳에 있지만,

집 근처에 있어 내가 자주 이용하는 곳이다.

목욕탕 안이다. 벽 쪽에 냉, 온탕이 좌우로 38선처럼 나누어져 있다. 좁다란 냉탕에 어울리지 않게 벽면을 가득 차지한 그림이 웃음을 자아낸다. 나이아가라 폭포수가 세차게 쏟이지며 협곡으로 흐른다. 천둥을 치며 쏟아져 내리는 물보라가 내게로 덮칠 것 같은 착각이 든다. 살짝 아래, 그림 속 수련 위의 개구리는 툭 불거진 눈을 데굴데굴 굴리며 어디로 뛰려는 걸까. 바로 옆에는 온탕이다. 무쇠솥에서 김이 오르는 듯하다. 탕 안에는 싸락눈이 살짝 내린 듯 육신의 허물이 둥둥 떠다닌다. 줄어든 물을 보충하자 마치 무쇠솥에서 보리쌀이 끓다가 푸르르 넘치는 것 같다.

안쪽 구석에 앵글로 짜서 비닐 장판을 덮어씌운 때밀이 간이침대가 있다. 간이침대 위에 요금표가 붙어있다.

*세신 요금표*

전신 : 15,000원

반신(등) : 5,000원

다른 사우나 요금의 절반도 아니지만, 간이침대가 비어 있을 때가 더 많다. 오늘 아침은 세신사가 손님을 받고 있다. 얼굴에는 오이를 덮어쓰고 침상에 몸을 뉜 여인의 배가 불룩하다. 때밀이의 손놀림이 리드미컬하다. 출렁 파문이 인다. 타다닥 엉덩이를 두들기자 돌아눕는다. 곤장 맞는 죄인의 자세로 엎드린 여인에게 세신사가 오일을 듬뿍 바르고 힘을 실어 어깻죽지를 꾹꾹 누른다. 엉덩이가 들썩인다. 타닥타닥 다듬잇방망이 치듯 온몸을 쳐댄다. 때밀이의 얼굴에서 굵은 땀방울이 여인의 등으로 떨어진다.

입구 쪽에 등밀이 기계가 있다. 켜짐, 꺼짐, 스위치가 붙어있다. 스위치가 닳아서 파란 테이프로 구멍을 막아 놓았다. 윙윙 모터 돌아가는 기계음이 쉴 틈이 없다. '등만 미세요.'라는 문구는 문구일 뿐이다. 키가 큰 할머니가 구부정한 등을 지그재그로 움직인다. 그러더니 앞으로 돌아서서 배를 붙여 둥글게 원을 그린다. 다시 한쪽 가슴은 손으로 감싸고 젖혀서 가슴 아랫부분, 옆구리, 이번에는 앉는 의자 위에 올라서서 엉덩이를 이리저리 돌려가며 밀고 있다. 몇 사람이 흘낏 눈치를 보는 것이 차례를 기다리고 있나 보다.

굼뜬 걸음으로 물바가지를 들고 바장이던 할머니가 '아이구 차바라' 하며 깜짝 놀란다. 냉탕에서 조금 젊은 여인이 개헤엄을 치고 있다. 몸집 좋은 한 사람만 들어가도 꽉 찰 것 같은 냉탕에서 물장구를 쳐대니 찬물이 바깥으로 튀었나 보다. 살가죽에 깊은 고랑이 새겨진 할머니 한 분이 한때는 푸르렀을 민둥 숲에 물을 슬쩍 끼얹고 온탕에 들어오신다. 또 한 분은 발에 물을 들이붓더니 그냥 발 한쪽을 살며시 담그고 걸터앉았다. 뜨끈한 물탕 앞에 먼저 소쿠리를 갖다 놓았는데 뒤에 온 할머니가 한쪽으로 밀어 놓고 먼저 앉아있었다. 내 자리네, 네 자리네 공중탕에 내 자리가 어디 있노. 두 분이 콩팔칠팔 언성을 높인다.

중년 여인이 반야심경을 외는지, 성모송을 외는지 달달 쉼 없이 중얼거린다. 등짝에 부항을 빼곡하게 뜬 아줌마는 어느 한의원에서 치료를 받았기에 어쩌면 저렇게 빈틈없이 야무지게도 떠놓았을까. 헐벗은 민둥산에 푸른 소나무 한 그루 서 있는 듯 낯선 아가씨가 앉아있다. 시외버스터미널이 근처다 보니 외지에서 온 나그네인가 보다. 대부분 나이 지긋하신 분들인데 젊은 아가씨라서 쉽게 눈에 띈다. 뽀얀 피부에 그림이 그려져 있다. 오른쪽 어깨에는 나비 한 마리가 앉아있고 엉덩이 부분은 무슨 뜻인지 영어로 한 문장을 써놓았다. 몸에 그려진 그림이지만 대조적이다.

철천지원수처럼 밀고 밀어내고 지그시 눈을 감고 악착같이 밀어낸다. 어떤 이는 오른손으로 양손으로 달라붙어 있는 허물, 욕망의 찌꺼기를 물바가지로 훽 퍼붓는다. 실오라기 하나 걸치지 않은 가릴 것 없는 민낯의 모습이다. 녹슬고 구멍이 막힌 냉 온수 수도꼭지, 푸푸 김빠지는 소리만 요란한 쑥 한방사우나, 각설이 의상처럼 조각조각 덧댄 벽지, 무엇이 궁금한지 삐딱하게 고개 숙인 선풍기, 재건축 바람이 심심찮게 불어오니 낡은 목욕탕, 늙어가는 몸, 오래지 않아 스러질 풍경들이다.

# 2막 1장

아침부터 집집마다 에어컨 실외기가 돌아가고 있다. 5월 초부터 기승을 부리던 더위는 7월이 되자 절정으로 치달았다. 가만히 있어도 땀이 등줄기를 타고 내렸다. 노약자는 한낮에 외출을 금지하라는 안내 문자가 '띵 똥' 하고 울린다. 긴급안내 아니더라도 어지간해서는 나가기를 꺼려 하는 대프리카라는 대구의 여름이다.

하고많은 계절 중에 하필이면 이 무더위에 새로운 일을

하려고 나섰다. 상처를 치유하고 잡념을 잊기 위해서는 극한 일을 하던지 새로운 무언가에 빠지는 것이 순간을 잊는 방법인 것 같았다. 곳곳에 묻어 있는 애완견인 사랑이 냄새가 슬픔으로 몰려와 한시라도 빨리 이곳을 벗어나고 싶었다. 그동안 이제나저제나 사양길을 걷던 사진업을 그만두어야 한다는 생각은 가득했지만, 그렇게도 놓지 못했던 35년 운영하던 사진관을 조금의 미련도 없이 접기로 했다. 해답은 우연처럼 다가왔다. 아끼고 정을 쏟았던 대상이 내 곁을 떠남이 내 인생의 터닝포인트였다.

막상 그만두려니 고민이 되었다. 때 그르고 시 그르다던가. 정년이 가깝도록 오로지 한 길만 걷다 보니 달리 해본 일도 없고 다른 기술도 없어 딱히 할 만한 일이 없을 것 같았다. 그러던 중 취업할 의향이 없느냐는 제의가 있었다. 그 회사와는 오랜 거래처로 의견을 묻는 박 전무와도 각별한 인연이라는 생각이 들어 무작정 오케이 했다. 더군다나 늘 해오던 사진에 관련된 익숙한 일이었다. 걱정했던 일이 너무나 쉽게 풀려 하늘의 도우심이라 여겼다. 첫 출근 날, 나의 사정을 알고 있는 사장님의 염려가 있었다. 오랜 시간 혼자 자유롭게 일하다가 조직 생활이 쉽지 않을 것이라며 어려움이 있더라도 참고 잘 헤쳐 나가기를 바란다고 하셨다.

취업을 했지만 현장에 들어서니 갑갑했다. 그동안 정말 편하게 멋대로 살던 내가 열악한 환경에서 이제는 누구의 지시 아래 시키는 일을 해야 하는 구속된 몸이다. 직장의 조직은 위계질서가 있으니 그에 맞는 룰을 따라야 한다. 낯선 환경에 적응하려면 과감하게 그동안의 나를 버리고 나 자신을 변화시켜야 하지만, 은근히 자아가 강한 나로서 그것이 쉽지만은 않았다. 그것은 고통이고 나 자신이 소멸되는 느낌이었다. 이 나이에 남의 밑에서 일한다는 생각을 하니 알량한 자존심에 누가 볼까 봐 부끄럽고 그냥 서럽기도 했다. 그러다 보니 하루하루 막연한 희망과 절망이 수시로 몰려왔다.

새로 얻은 직장에 대해 묻는 친구에게 서글픈 마음을 전하니 '그 나이에 직장을 가질 수 있다는 것이 부럽다.'고 했다. 남의 집 일이 도긴개긴이지 별것 있느냐는 친구 강례의 마음이 전해진다. 강례는 바윗덩어리 같은 근심도 모래알로 깎아주는 솔로몬의 지혜를 가진 친구다. 문득, '어디 가든지 끈기가 있어야 한다.'는 말이 떠올랐다. 취업해서 4개월을 못 버티고 그만두는 남동생을 두고 어머니가 하시던 말씀이다. 나야말로 한 우물을 너무 오래 파서 탈인 셈이다. 이것저것 해봤더라면 무슨 일이 닥쳐도 면역이 생겼을 텐데.

다행히 또 다른 일을 하다 보니, 상실감에 우울했던 마음도 차츰 줄어들고 금방 퇴근시간이 되었다. 같이 일하는 팀장님, 상무님과 가끔 술자리를 가지면 허물이 없어져 상사를 술안주에 올리는 것도 조직의 일환임을 배우고, 새로운 정을 쌓아가는 것도 또 다른 즐거움이었다. 일거리가 적을 때는 빨리 퇴근하라고 성화이신 사장님의 배려가 의욕을 불러일으켰다. 늦게 시작한 사회생활이 조금씩 적응이 되어 여유가 생기고내 잠재력이 어디까지인지 남의 일을 하며 나 자신을 돌아보는 계기가 되기도 했다.

인생의 후반전, 지금까지 가지지 못한 것들과 가지 않은 길을 아쉬워만 하는 것은 부질없다. 성공이란 열매는 굳은 의지로 모진 고통을 견뎌내야만 얻을 수 있지 않던가. 삶이란 고작해야 '잠깐 보이다가 없어지는 안개 같은 존재'라는 '야고보'의 말씀처럼 허투루 탕진하기에는 너무나 아까운 시간, 내일 어떻게 될지 한 치 앞도 모르는 인생, 주어진 환경에서 가치와 의미 있는 삶으로 누군가의 가슴에 고운 이름으로 기억되기를. 인생의 2막 1장, 다시 시작의 엔터키를 친다.